FFRWD CEINWEN

William R. Lewis

DRAMA GOMISIWN EISTEDDFOD
GENEDLAETHOL MÔN 1999

Gwasg Taf
2000

ISBN 0 948469 72 2

Mae cofnod catalogio'r gyfrol hon ar gael gan y Llyfrgell Brydeinig.

Cyhoeddir gyda chymorth ariannol Cyngor Celfyddydau Cymru.

Argraffwyd gan Y Lolfa, Talybont, Ceredigion

Cyflwynedig
i Gwion

FFRWD CEINWEN

Y CYMERIADAU

DWYNWEN: gwraig weddw yn ei phum degau.

MEILIR: ei mab deg ar hugain oed.Gwyddonydd.

RHYS: ei mab wyth ar hugain oed. Offeiriad Anglicanaidd.

DONA: ei merch bump ar hugain oed. Mam sengl.

DEI: gŵr ifanc yn ei ugeiniau hwyr. Gweithiwr.

BARRY: gŵr gweddw yn ei bum degau. Dyn busnes.

RHAGYMADRODD

Yn 1998 cefais fy nghomisiynu gan Eisteddfod Genedlaethol Cymru, Ynys Môn, i gyfansoddi drama hir i'w pherfformio gan Gwmni Theatr Gwynedd yn ystod wythnos yr Eisteddfod yn 1999. Yr oedd yn wir anrhydedd a hoffwn achub ar y cyfle hwn i ddiolch i awdurdodau'r Eisteddfod am y comisiwn. Hoffwn ddiolch hefyd i Graham Laker, y cyfarwyddwr, ac i'r actorion am eu teyrngarwch a'u hymroddiad i'r ddrama hon. Yn ystod yr ymarferiadau, bu eu barn a'u cyngor yn hynod werthfawr.

Gan mai arwyddocâd darn o gerddoriaeth o safbwynt bywydau pobl arbennig yw thema ganolog y ddrama, 'roedd gofyn i rywun gyfansoddi'r darn hwnnw. O'r herwydd, yr oedd cyfraniad John Hywel i'r cynhyrchiad yn amhrisiadwy. 'Roedd cydweithio ag ef yn bleser pur a mawr yw fy nyled a'm diolchgarwch iddo.

Er imi gael rhwydd hynt i ddewis thema a chefndir i'r ddrama, teimlwn y dylai, yn gyntaf, ymwneud â Môn mewn rhyw fodd ac, yn ail, y dylai ymdrin â thema a fyddai'n ysgogi meddwl cynulleidfa.

Gellid dadlau fod y theatr gyfoes yn gyndyn o fynd i'r afael â datblygiadau gwyddonol diweddar. Mae hyn yn syndod oherwydd mae dramodwyr cyfoes yn fwy na pharod i ymhel â meysydd eraill megis gwleidyddiaeth, athroniaeth, diwinyddiaeth, hanes, seicoleg, ffeministiaeth a rhywioldeb. Gellir deall pam; y mae ieithwedd y disgyblaethau hyn o hyd i raddau helaeth iawn yn ddealladwy i'r llenor. Teg dweud bod rhai arbenigwyr yn y meysydd hyn bellach, drwy fynd ati'n fwriadol i fathu terminoleg nad yw'n ddealladwy ond i gylch bach cyfrin, yn gwneud hyn yn fwyfwy anodd. Ond lleiafrif ydynt; gydag ymdrech gellir o hyd ddilyn trywydd meddwl damcaniaethwyr yn y meysydd hyn ac, yn amlach na pheidio, y meddylwyr gorau sy'n ysgrifennu gliriaf.

Yn y bedwaredd ganrif ar bymtheg, ac eithrio mewn meysydd megis mathemateg a ffiseg, yr oedd damcaniaethau newydd ym myd gwyddoniaeth yn ddealladwy i leygwr deallus. Yr enghraifft orau yw'r holl ddamcaniaethu a fu yn hanner cyntaf y ganrif ynglŷn ag esblygiad. Yr hyn sy'n synnu'r darllenydd wrth ddarllen *On the Origin of Species* Charles Darwin am y tro cyntaf yw ei fod yn gallu deall ei ieithwedd, ac o ganlyniad, drywydd meddwl yr awdur. O'r herwydd, nid yw'n syndod i'r llyfr a'i ddamcaniaeth ennyn cymaint o ddadlau ymhlith pobl nad oeddent yn wyddonwyr. Fel y gwyddys, crëodd y llyfr gynnwrf ymhlith crefyddwyr y dydd gan iddo herio rhagdybiaethau Cristnogol oesol ynglŷn â tharddiad bywyd. Mae dadl ganolog Darwin ynglŷn â dewisiad naturiol a goroesiad yr addasaf yn cael ei gwyntyllu'n gwbl eglur, er i Darwin ei hun haeru droeon na allai ysgrifennu Saesneg yn debyg i ddim. Oherwydd hyn, nid yw'n syndod ychwaith, fel y dangosodd y beirniad Gillian Beer, fod gweithiau Darwin yn drwm eu dylanwad ar nofelwyr Saesneg ei ddydd, fel George Eliot a Thomas Hardy. Yng nghyd-destun Darwiniaeth y gellir gwir amgyffred themâu nofelau fel *Middlemarch* a *Tess of the D'Urbervilles*.

Ond nid Darwin a fu'r pennaf dylanwad ar y ddrama fodern. Yr oedd eraill yn ymhel â'r un maes. Un ohonynt oedd y Ffrancwr Prosper Lucas a gyhoeddodd ei *Traité philosophique et physiologique de le hérédité naturelle dans les états de santé et de maladie du système nerveux*. Cyhoeddwyd y traethawd hwn naw mlynedd cyn i Darwin gyhoeddi *On the Origin of Species*. Er gwaethaf ei deitl mawreddog, y mae'r traethawd ei hun yn rhyfeddol o ddealladwy i leygwr. Yng ngoleuni geneteg fodern ôl-Ddarwinaidd, ymddengys thesis Lucas yn chwerthinllyd. Credai fod had y gwryw cyntaf y mae benyw yn caru ag ef yn aros hyd byth yn ei chorff ac ni waeth pwy y byddai'n caru ag ef maes o law, priodoleddau'r had cyntaf hwnnw a fyddai'n penderfynu natur yr epil a genhedlid. Rhaid pwysleisio mai ar sail astudiaeth o bryfetach ac anifeiliaid y daeth Lucas i'r casgliad hwn ond buan y camddehonglwyd ei waith. Aeth y nofelydd Jules Michelet ati i gymhwyso thesis Lucas at yr hil ddynol yn ei nofel *L'Amour* a'r nofel hon a ysbrydolodd y nofelydd a'r dramodydd naturiolaidd Émile Zola. Yn ei nofel *Madeleine Férat* (1868), mae'r prif gymeriad, Madeleine, ar drugaredd ei gorffennol. Ar ôl priodi, ceisia ymbarchuso ond mae cysgod perthynas yn y gorffennol yn dinistrio ei bywyd. Cyflawna hunanladdiad.

Dan ddylanwad damcaniaethau o'r fath – syniadau Lucas a pheth Darwiniaeth – y cafodd y ddrama Ewropeaidd ail wynt yn niwedd y bedwaredd ganrif ar bymtheg, a hynny yng ngweithiau Ibsen a Strindberg. Mae'r ddau ddramodydd yn eu cyfnod naturiolaidd yn darlunio unigolion ar drugaredd eu gorffennol a'u hamgylchedd. Er enghraifft, yr hyn a welir yn rhagair Strindberg i'w ddrama *Miss Julie* yw ymdrech fwriadol – sy'n ddigon gwyrdröedig a chyfeiliornus mewn mannau – i ddehongli'r frwydr rhwng Jean, y gwas, a Julie, merch y Cownt, mewn ieithwedd Ddarwinaidd. Haera Strindberg fod 'Darwiniaeth wedi bodoli erioed'; mae'r 'gwannaf [yn dwyn] ac ailadrodd geiriau'r cryfaf'; nid oes i Julie 'barhad', ac mae hi a'i thebyg 'yn darfod' o ganlyniad i 'frwydr anobeithiol yn erbyn natur'. Jean biau'r dyfodol am ei fod yn hanfod o 'rywogaeth gref a chadarn'.

Twf gwyddoniaeth, yn arbennig yn y meysydd biolegol, a ysgogodd y llenor yn y cyfnod hwn i ailystyried, hefyd, ei briod swyddogaeth. Dadleuai llenor fel Émile Zola mai rhyw lun ar wyddor gymdeithasegol yw llenydda. Dylai'r llenor, fel y gwyddonydd, fod mor wrthrychol ag sy'n bosibl pan â ati i ddarlunio bywyd. Yn ei ragair i ail argraffiad o'i nofel *Thérèse Raquin* (1868), pwysleisia ei amcanion 'gwyddonol' wrth lunio'r gwaith. Mae 'pob pennod yn astudiaeth o achos seicolegol hynod'; mae'n ei gymharu ei hun â 'llawfeddygon' yn trin 'cyrff meirw', a'i bennaf dyhead yw 'efelychu bywyd yn gywir ac yn fanwl a chanolbwyntio ar ddadansoddi'n llwyr beirianwaith y bod dynol'. Delfryd gwbl amhosibl i'w gwireddu yw delfryd Zola oherwydd mae gwahaniaeth sylfaenol rhwng y ffordd y mae llenor a gwyddonydd yn ymdrin â'r byd o'i gwmpas. Mae i'r byd y ceisia'r gwyddonydd ei ddadansoddi ei annibyniaeth ei hun: nid ffrwyth ei ddychymyg ydyw. Er i lenor honni ei fod yn dadansoddi'r byd yn oeraidd wrthrychol, yn y pen draw, ffrwyth ei ddychymyg ef yw popeth. Ef sy'n rhoi cymeriadau mewn sefyllfaoedd arbennig; ef sy'n tynnu sylw'r darllenydd at rai agweddau ar eu personoliaethau; ef sy'n rhoi geiriau yn eu genau; hynny yw, mae'r cyfan ar drugaredd anianawd y llenor. Mae gwrthrychedd yn gwbl amhosibl i'w sicrhau, ond cymaint oedd dylanwad a gafael meddylfryd gwyddonol y dydd ar lenorion, yr oeddynt yn fwy na pharod i ddibrisio pwysigrwydd rhywbeth mor sylfaenol â'r dychymyg unigol.

O gofio hyn, mae'n syndod pa mor fyrhoedlog y bu 'naturiolaeth' fel mudiad llenyddol. Mae'r rhesymau am hyn yn niferus a chymhleth. Mae'r adwaith cyntaf yn erbyn naturiolaeth i'w ganfod yn 1887, yn eironig ddigon o du cylch o lenorion ifanc a ystyriai eu hunain yn ddisgyblion i Zola. Ymateb yr oeddynt i'w nofel ddiweddaraf *La Terre*. Ffieiddient wrth y trais a'r gorbwyslais ar ryw yn y gwaith. (Dyma'r union feirniadaeth y gorfu i Ibsen ei dioddef pan berfformiwyd ei ddrama *Gjengangere (Dychweledigion)* yn 1881.) Erbyn 1891 yr oedd y gwrthwynebiad yn gryfach; darlith Léon Bloy yn Copenhagen, yn dwyn y teitl 'Angladd Naturiolaeth', oedd penllanw'r brotest.

Adlewyrchu ofnau cymdeithasol a gwleidyddol dosbarth canol Ewrop yr oedd yr adwaith hwn yn erbyn 'naturiolaeth' mewn llenyddiaeth. Yn gynharach yn y ganrif, 'roedd realaeth a naturiolaeth yn diwallu awch dosbarth cymdeithasol newydd am fath gwahanol o lenyddiaeth. Erbyn diwedd y ganrif, 'roedd y dosbarth newydd hwn wedi ei hen sefydlu ei hun, ac o'r herwydd, teimlid bod realaeth a naturiolaeth, gan eu bod yn canolbwyntio ar lygredd, rhagrith ac ochr ffiaidd bywyd, yn fath o fygythiad i sefydlogrwydd a pharhad y dosbarth hwn; yr oedd grymusterau'n cyniwair a allai ei ddymchwel. Eisoes, yn 1847, cyhoeddasid *Manifest der Kommunistischen Partei (Maniffesto'r Blaid Gomiwnyddol)*; siglwyd Ewrop oll gan derfysgoedd Paris yn 1871. O'r herwydd dyheid am lenyddiaeth o fath gwahanol, llenyddiaeth a fyddai'n ddihangfa rhag ansicrwydd ac ansefydlogrwydd. Symboliaeth â'i phwyslais ar y mewnol a'r ysbrydol biau'r dydd bellach yn hytrach na realaeth a naturiolaeth, gyda'u pwyslais ar yr allanol a'r materol. Mae hyd yn oed gweithiau olaf dramodwyr naturiolaidd fel Ibsen a Strindberg yn mynd yn fwyfwy symbolaidd a barddonol eu hieithwedd.

Wynebai'r naturiolwyr a'r realwyr anhawster arall hefyd: yr oedd Zola a'i debyg, wrth honni eu bod yn ceisio dadansoddi unigolion a chymdeithas yn wrthrychol, yn gorfod cystadlu yn hyn o beth â gwyddorau newydd y dydd, megis cymdeithaseg. Auguste Comte yn 1830 a fathodd y term 'cymdeithaseg' gyntaf, gan fynnu ei bod fel gwyddor yn haeddu cael yr un parch â'r gwyddorau traddodiadol eraill. Byddai'n wyddor a fyddai'n galluogi pobl i ddadansoddi cymdeithas yn gwbl wrthrychol a, maes o law, byddid yn darganfod y deddfau a lywiai gymdeithas. Yn 1895, cyhoeddodd Émile Durkheim ei lyfr *Règles de la méthode sociologique* a fyddai'n gosod sylfeini cymdeithaseg fodern. Mewn gwirionedd, yr oedd nofelydd fel Zola yn ymhel â'r un maes â'r cymdeithasegwr ac yn y pen draw, y cymdeithasegwr a orfu oherwydd rhagdybid, yn gam neu'n gymwys, y gallai gwyddor fel cymdeithaseg ddarlunio realiti yn well na'r llenor.

Trafodwyd ymdrechion Zola i greu llenyddiaeth o fath gwahanol er mwyn dangos cymaint y gall damcaniaethu gwyddonol ddylanwadu ar gelfyddyd os cyflwynir y damcaniaethu mewn ieithwedd sy'n ddealladwy.

Mae'r sefyllfa yn yr ugeinfed ganrif yn bur wahanol: mae'r gwyddorau a'r celfyddydau'n ymbellhau oddi wrth ei gilydd a hynny'n bennaf am fod ieithwedd y gwyddorau'n mynd yn fwyfwy technegol ac astrus: mae gwyddoniaeth yn prysur droi'n faes na all y lleygwr ei ddeall. O'r herwydd, try'n faes bygythiol a pheryglus y dylid ei ffrwyno. Y pryder hwn a esgorodd ar fynegiadaeth fel mudiad celfyddydol yn yr Almaen yn nechrau'r ugeinfed ganrif. Yng ngweithiau dramodydd fel Georg Kaiser, mae technoleg wyddonol nid yn unig yn bygwth gwareiddiad ei hun ond yn dad-ddynoli'r unigolyn. Unig obaith yr unigolyn wyneb yn wyneb â hyn oll yw ceisio ymgyrraedd at ryw hunanwaredigaeth drwy aberth personol neu gariad. Yn ei drioleg, *Gas (Nwy)*, y gwelir Kaiser ar ei dywyllaf a mwyaf pesimistaidd: mae dynoliaeth yn wynebu difodiant llwyr.

Ceir yr un ymdeimlad yng ngwaith cynnar Saunders Lewis yng Nghymru. Gellid dadlau fod elfennau gwrthwyddonol mewn drama fel *Buchedd Garmon*, a ystyrir yn un o'i ddramâu mwyaf cenedlaetholgar. Ymwneud y mae'r ddrama â buddugoliaeth Garmon dros y Pelagiaid a'r modd y bu iddo ddiogelu gwareiddiad Cristnogol Prydain. 'Roedd ei neges yn 1937 yn amserol; 'roedd y dramodydd yntau ar fin sefyll ei brawf am losgi ysgol fomio Penyberth. Gellid cymharu safiad yr awdur â safiad Garmon: 'roedd y ddau fel ei gilydd yn amddiffyn y gwareiddiad Cristnogol. Ond rhaid cadw mewn cof mai hanfod Pelagiaeth oedd y gred – a hyn oedd hanfod y ddadl fawr ddiwinyddol a fu rhwng Pelagiws ac Awstin Sant – y gallai'r unigolyn, gan i Dduw ei gynysgaeddu ag ewyllys rydd, ddewis gwneud daioni yn hytrach na drygioni; hynny yw, gall dyn ymberffeithio. A dyma un o ragdybiaethau yr Ymoleuo yn y ddeunawfed ganrif. Y mae'n rhagdybiaeth a ddaeth yn fwyfwy grymus yn y bedwaredd ganrif ar bymtheg yn sgîl Darwiniaeth a thwf technoleg wyddonol.

Fel y dadleuodd y beirniad Dafydd Glyn Jones, nid drama am natur serch a chariad yn unig yw *Blodeuwedd* (1948): mae thema wrth-wyddonol gref ynddi. Mae arbrawf trahaus Gwydion – creu merch o flodau'r banadl – yn troi'n hunllef. Crea'r dewin-wyddonydd ferch heb iddi na theulu na gorffennol. O'r herwydd, nid yw'n deall ystyr gwir gariad. Mae ei gweithredoedd yn fygythiad i werthoedd oesol. Methiant yw'r arbrawf. Ond mae dramâu'r Cymro'n fwy gobeithiol na rhai'r Almaenwr, Kaiser. Byrdwn Saunders Lewis yw fod gobaith i'r dyn modern os llwydda i ailddarganfod egwyddorion oesol: bod cariad, yn ystyr Gristnogol y gair, yn rymusach grym na serch; bod teyrngarwch tuag at deulu, cenedl a'r gorffennol yn bwysicach na hunanfoddhad byrhoedlog.

Mae'r cyfnod yr ydym ni'n byw trwyddo yn bur debyg i ail hanner y bedwaredd ganrif ar bymtheg. O ganlyniad i ddarganfyddiadau newydd ym maes geneteg, gorfodir ni i ailystyried arwyddocâd bywyd dynol.

Awgrymwyd eisoes mai ieithwedd gymharol rwydd gweithiau Darwin a ddenodd gymaint atynt yn eu dydd. Gellid dadlau fod hyn yn wir hefyd am weithiau genetegwyr cyfoes. Gryfed yw'r argyhoeddiad yn eu plith fod eu hymchwiliadau a'u darganfyddiadau'n chwyldroadol, mynnant y dylai pawb oll wybod amdanynt. Apwyntiwyd Richard Dawkins i gadair arbennig yn

Rhydychen i'r union berwyl hwn. Mewn llyfrau fel *The Selfish Gene*, *The Blind Matchmaker* a *River Out of Eden*, mae wedi ceisio, a hynny mewn ieithwedd gymharol annhechnegol, egluro i'r lleygwr ddirgeleddau geneteg fodern. Yn bwysicach fyth, mae'n trafod oblygiadau hyn oll.

Yr hyn na allai Darwin ei esbonio – a hynny, yn rhannol, am iddo, fel sawl un arall yn ei ddydd, anwybyddu gwaith arloesol Gregor Mendel ynglŷn â natur etifeddeg – oedd yr union fecanwaith a symbylai newidiadau mewn rhai anifeiliaid a phlanhigion a fyddai'n eu galluogi i oroesi ar draul eraill. Gwyddys, erbyn hyn, mai mwtadiad (*mutation*) yn y genynnau sy'n peri hyn. Honnir mai yn y genynnau y mae tarddle natur popeth byw a phan lwyddir i fapio'r genom dynol, gellir, maes o law, egluro union swyddogaeth pob gennyn. Mae hyn yn digwydd eisoes; gwyddys mai mwtadiad neu wendid mewn genynnau arbennig sy'n gyfrifol am rai afiechydon etifeddol. Os llwyddir i ddileu'r gwendid genynnol yna bydd gobaith dileu'r afiechyd. O'r herwydd, dadleuir fod yr holl ymchwil yn y maes hwn yn fendithiol a daionus.

Ond y mae goblygiadau moesol i hyn oll. Haeriad sylfaenol genetegwyr fel Richard Dawkins yw mai gofynion y genynnau, a hynny'n unig, sy'n llywio bywyd oll. Ym mhennod gyntaf ei lyfr *The Selfish Gene* mae'n mynegi ei safbwynt:

> the fundamental unit of selection and therefore of self-interest, is not the species, nor the group, nor even, strictly, the individual. It is the gene, the unit of heredity.

Mae'n haeriad brawychus ac er tegwch â Dawkins mae gofyn cyflwyno'i safbwynt yn llawnach.

Yn ôl Dawkins, daeth yr 'uned etifeddu' hon i fodolaeth drwy ddamwain, pan ffurfiwyd moliciwlau mewn rhyw gawl cyntefig filiynau o flynyddoedd yn ôl. Digwyddodd hyn a dyna ddiwedd arni. 'There is no need to think of design or purpose' meddai. Drwy 'ddamwain' llwyddodd un moliciwl i wneud copïau ohono'i hun; geilw Dawkins y moliciwl arbennig hwn yn 'atgynhyrchwr' (*replicator*).

Ond weithiau yn y broses gopïo, oherwydd ffactorau amgylcheddol, y mae camgymeriadau'n digwydd. Gall y camgymeriadau hyn wanhau'r atgynhyrchwr gan arwain at ei ddifodiant, neu gallant ei gryfhau drwy ei alluogi i fyw'n hwy neu'n fwy llwyddiannus mewn amgylchedd arbennig. Hap a damwain yn y broses gopïo sy'n peri hyn yn ôl Dawkins. Nid yw'r atgynhyrchwr eisiau newid neu - a defnyddio'r term Darwinaidd – esblygu. A dyfynnu Dawkins:

> Evolution is something that happens, willy-nilly, in spite of all the efforts of the replicators... to prevent it happening.

Ond â Dawkins gam ymhellach. Hanfod esblygiad yw cystadleuaeth rhwng atgynhyrchwyr a'i gilydd. Llwyddodd rhai i'w hamddiffyn eu hunain yn well nag eraill drwy ffurfio o'u cwmpas gragen o brotin; hynny yw, ffurfiwyd y gell gyntaf. Yn ôl Dawkins, ffiol i hyrwyddo parhad genynnau yw'r gell a ffiol fwy soffistigedig i gyflawni'r un swyddogaeth yw'r organeb fyw, boed honno'n blanhigyn neu'n anifail. Peiriant ydyw – 'survival machine' yw ymadrodd Dawkins – er mwyn sicrhau ffyniant a pharhad y genynnau. Y genynnau sy'n ben ac yn tra-arglwyddiaethu ar bopeth byw: canolbwynt esblygiad yw'r gennyn.

Er bod Dawkins yn haeru y gall dyn, am y tro cyntaf yn ei hanes, reoli gafael genynnau ar ein tynged – yn bennaf oll, drwy ddileu afiechydon etifeddol – y mae'r darlun a gyflwynir o gyflwr a thynged dyn yn un pur besimistaidd. Os y genynnau sy'n holl-lywodraethol, yna eilradd yw popeth arall. Un swyddogaeth sydd i ffenomenâu megis iaith, diwylliant, celfyddyd a hyd yn oed crefydd: lles a pharhad y genynnau. Mewn termau esblygiadol yn unig y mae deall arwyddocâd yr agweddau hyn ar fywyd dyn. Â rhai seicolegwyr fel Leda Cosmides a John Tooby gam ymhellach gan haeru mai yng nghyd-destun esblygiad y gellir deall troeon y meddwl dynol. Y ddisgyblaeth boblogaidd ddiweddaraf mewn prifysgolion yw 'seicoleg esblygiadol'.

Ac nid y bwriad yw treiddio at ystyr bywyd. Dadleuir na ddylid defnyddio'r gair 'ystyr' o gwbl yng nghyd-destun esblygiad a geneteg. Mae'r ansoddair 'ystyrlon' yn fwy addas. Mae mwtadiad mewn creadur byw yn 'ystyrlon' pan fo iddo bwrpas yng nghyd-destun parhad y creadur hwnnw, a hynny yn ei dro yn hyrwyddo parhad ei enynnau.

Ond eir gam ymhellach byth: haerir nad yw gweithgaredd creadigol megis cyfansoddi symffoni, drama, nofel neu gerdd yn ddim mwy na rhyw fwtadiad yng ngenynnau'r artist sy'n 'ystyrlon' o safbwynt ei barhad ef ac, wrth gwrs, ei enynnau holl-lywodraethol. I ddeall y safbwynt, mae'n werth dyfynnu geiriau un seicolegydd esblygiadol:

> … when someone asks, 'Ah, but what's the meaning of it all – the beauty of a field of spring flowers, the act of love, Mozart's 41st Symphony, the fragrance of ylang ylang?' all one can reply is: 'adaptation'. That, I'm afraid, is it. It's the last word on 'meaning'.

Ymdrech i archwilio a herio haeriadau o'r fath gan seicolegwyr esblygiadol yw'r ddrama *Ffrwd Ceinwen*. 'Roeddwn eisiau cyflwyno ar lwyfan unigolion y cafodd llwybrau eu bywydau eu pennu gan hap a damwain ond, yn bwysicach fyth, 'roeddwn eisiau dangos fod modd iddynt, er gwaethaf eu caethiwed ymddangosiadol, sicrhau rhyw lun o ryddid iddynt eu hunain.

Cyfarfu Dwynwen ac Islwyn ar hap a damwain yn Eisteddfod Genedlaethol y Bala yn 1968. 'Roedd Dwynwen ar y pryd yn gwneud gwaith ymchwil yn Rhydychen; rhoes heibio yrfa academaidd ddisglair er mwyn priodi'r cyfansoddwr ifanc addawol hwn. Maes o law, ganed iddynt dri phlentyn: Meilir, Rhys a Dona. Pan gynigiwyd swydd i Islwyn ym Mangor, derbyniodd hi'n llawen a symudodd y teulu i Fôn yn y gobaith y byddai hynny'n tanio creadigrwydd cerddorol Islwyn. Ond ni ddigwyddodd hynny. Er iddo gyfansoddi gweithiau eithaf poblogaidd, ni wireddwyd yr addewid cynnar. Bu farw Islwyn yn gymharol ifanc ar ôl cystudd hir. Yn ystod ei fisoedd olaf yr oedd ei berthynas â Dwynwen wedi dirywio. Mynnai gwmni bachgen ifanc, un o'i fyfyrwyr ymchwil, yn hytrach na hi.

Er gwaethaf hyn, y mae Dwynwen, ar gais y cyngor lleol, yn cytuno y dylid coffáu Islwyn mewn rhyw fodd. Penderfynir cynnal cyfarfod arbennig yng nghapel y pentref i'r perwyl hwn ac mae'r brodyr, Meilir a Rhys, yn dychwelyd i'r hen gartref ar gyfer yr achlysur. Erbyn hyn mae Meilir yn darlithio ar eneteg yng Nghaerdydd ac mae Rhys yn berson plwyf ym Maldwyn. Mae Dona, yr ieuengaf, yn dal gartref, yn fam ddibriod, ond yn dyheu am yrfa yn y byd canu pop yn Lloegr.

Cyd-ddigwyddiad arbennig yn y gorffennol – hap a damwain unwaith eto – sy'n gyfrifol am y tyndra sy'n bodoli rhwng y tri phlentyn. Mae Dona'n dal dig yn erbyn Meilir am iddo gyrraedd adref yn ddirybudd ac ymyrryd mewn ffrae bersonol rhyngddi hi a'i chariad, Arthur. Arweiniodd hyn at farwolaeth Arthur mewn damwain car. A phan yw Dona'n feichiog â phlentyn Arthur ac ar fin penderfynu mynd am erthyliad, ymddengys Rhys, yr offeiriad, yn ddirybudd a'i perswadio, am resymau moesol a chrefyddol, i gadw'r plentyn a'i fagu. Pan enir y plentyn, ni all ei garu ac o'r herwydd, mae'n casáu Rhys am iddo ymyrryd mor eofn yn ei bywyd.

Nid oedd Rhys, pan oedd ar ymweliad â Llundain, wedi bwriadu mynd i wrando ar Meilir yn traddodi darlith ar oblygiadau geneteg fodern: penderfyniad sydyn ydoedd. Siglir ei ffydd gan ei sylwadau ac mae bellach yn llwyr ar gyfrgoll yn ddeallusol. Gan ei fod yn hoyw, mae ar gyfrgoll yn emosiynol yn ogystal.

Cyd-ddigwyddiad annisgwyl a bennodd lwybr bywyd Barry hefyd. Rhyw noswaith, penderfynodd fynd adref ar hyd ffordd wahanol i'r arfer ond daw wyneb yn wyneb â hen gyfaill ysgol iddo sydd bellach, serch ei ddiffyg gallu ymenyddol, yn ŵr busnes llwyddiannus. O'r eiliad dyngedfennol honno, codi yn y byd fyddai pennaf dyhead Barry. A bu'n llwyddiannus: mae bellach yn berchen ar faes carafanau moethus. Serch hynny, gorfu iddo dalu pris am ei lwyddiant: mae'r heddlu ar ei warthaf; gallai, yn y dyfodol agos, gael ei gyhuddo o lygredd a gŵyr hynny hefyd.

Geiriau gor-ganmoliaethus a difeddwl Islwyn wrth feirniadu cystadleuaeth mewn eisteddfod ysgol a blannodd yn Dei y camsyniad y gallai, ryw ddydd, fod yn ganwr o fri. Ei anallu i wireddu'r breuddwyd hwn, ynghyd â marwolaeth ei dad, sy'n chwerwi a chymhlethu'i fywyd.

Mae bywydau'r cymeriadau oll wedi'u llywio gan gyd-ddigwyddiadau diystyr ac, yn eu tyb hwy, yr unig ateb, wyneb yn wyneb â hyn, yw ffoi rhag eu tynged. Bwriad Dwynwen a Barry yw ceisio ailgychwyn byw yn Lloegr. Efallai y caiff Dwynwen gyfle i ailafael yn y gwaith ymchwil a roes heibio pan briododd Islwyn. Dyhead Meilir yw cael cadair academaidd yn un o golegau Prifysgol Llundain. Bwriada, hefyd, adael ei wraig a'i blant: mae ganddo gariad yn Llundain yn disgwyl amdano. Ac yntau bellach wedi colli'i ffydd, ni wêl Rhys unrhyw ddyfodol ystyrlon iddo'i hun fel person plwyf ym Maldwyn. Efallai y gwnâi rywbeth ohoni yn un o esgobaethau Llundain ymhlith offeiriaid o gyffelyb anian iddo.

O safbwynt thema'r ddrama, y cymeriad pwysicaf yw Meilir, oherwydd ef, y genetegydd, sy'n cael ei orfodi i gwestiynu ei ragdybiaethau ynglŷn â bywyd. Wrth ddychwelyd adref i'r cyfarfod coffa, daw wyneb yn wyneb â damwain yng Nghapel Curig. Nid yw'n ddamwain ddrwg: anafwyd neb; ond mae fan rhyw fachgen ifanc wedi'i niweidio'n rhy ddrwg iddo allu'i gyrru'n ddiogel. Mae'r gŵr ifanc hwn ar ei ffordd i Ysbyty Gwynedd i gael triniaeth at gancr. Yng ngoleuni cyflwr y fan, mae Meilir yn fwy na pharod i fynd ag ef i'r ysbyty am ei driniaeth. Gan mai arlunydd ydyw, mae'n taro ei ddarluniau hefyd yng nghar Meilir. Cyfareddir Meilir gan un darlun arbennig. Fe'i paentiwyd pan oedd yr arlunydd ifanc yn wirioneddol wael ac yn dwys ystyried ei dynged. Wrth graffu ar y darlun, caiff Meilir gadarnhad anesmwyth o rywbeth sydd wedi bod yn corddi ynddo er marwolaeth ei dad: mai cynnyrch poen a dioddefaint yw'r pethau sy'n rhoi gwir arwyddocâd a dyfnder i'n bodolaeth. Ond, yn bwysicach fyth, sylweddola y gall grym ewyllys ynghyd â dychymyg ryddhau'r unigolyn o hualau tynged. Gorfodir Meilir i wynebu cymhlethdod cynhenid bywyd, rhywbeth dieithr a brawychus i enetegydd sy'n argyhoeddedig y gellir, ryw ddydd a ddaw, egluro dirgeleddau bywyd oll.

Pan yw'n cyrraedd adref, mae'n myfyrio ar un peth: gwaith olaf ei dad cyn ei farwolaeth, *Ffrwd Ceinwen*. Rhoddodd Islwyn gopi digon blêr o'r gwaith hwn iddo pan oedd yn Ysbyty Clatterbridge ond, ar ôl bwrw golwg frysiog arno, tarodd Meilir ef o'r neilltu yn rhywle ac anghofio amdano. 'Roedd y cyfansoddiad hwn yn fwy soffistigedig a chymhleth na'i gyfansoddiadau eraill, fel *Llyn Cerrig Bach*. Mae'r gwaith hwnnw, a genir gan Dei yn y ddrama, yn brotest chwerw yn erbyn gafael y gorffennol ar ddyn; mae rhyw dynerwch a dirgelwch yn treiddio trwy *Ffrwd Ceinwen*. Pan aeth Islwyn ati i'w gyfansoddi, gwyddai ei fod yn wynebu marwolaeth. Efallai mai cynnyrch grym ewyllys a dychymyg yw'r greadigaeth hon hefyd, nid cynnyrch rhyw fwtadiad genynnol.

Ceisiwyd yn y ddrama gyfleu cymhlethdod sylfaenol bywyd. O'r herwydd, canolbwyntiwyd ar berthynas emosiynol y cymeriadau â'i gilydd. Cyfyd tyndra rhyngddynt oherwydd digwyddiadau yn y gorffennol ond, er gwaethaf hyn, awchant am ryw heddwch mewnol. Mae Meilir a Rhys yn awchu am faddeuant gan Dona am iddynt ymyrryd yn ei bywyd; mae Meilir eisiau maddeuant Barry am iddo gynddeiriogi ei fab, Arthur, cyn y ddamwain angheuol; pe gallai Dwynwen dderbyn rhywioldeb Rhys, byddai hynny'n lleddfu peth ar ei wewyr mewnol.

Mae Barry, am iddo ddinistrio bywyd ei fab a'i wraig, yn dyheu am faddeuant dyfnach a mwy ysbrydol. Er gwaethaf ei barablu anystyriol, mae, yn y bôn, yn ffieiddio ato'i hun. Efallai, wedi'r cyfan, fod Duw yn bod ac mae hyn yn codi arswyd arno. Pan yw'n holi Rhys ynglŷn â natur cyffes a maddeuant, nid gwamalu y mae.

Dyhead Dwynwen yw anghofio'r ing a'r brad a brofodd yn ystod misoedd olaf Islwyn. Cafodd gip ar 'Ffrwd Ceinwen' ond, yn ei thyb hi ar y pryd, nid hi ond rhywun arall a ysbrydolodd y darn. Mae'n ei daflu i'r ffrwd – ffrwd Ceinwen – sy'n llifo heibio'r tŷ at y môr. A thrwy godi rhyw arglawdd tila i atal llif y ffrwd hon, ffrwd y byddai Islwyn, tua'r diwedd, yn treulio oriau'n myfyrio ar ei glannau, gobeithia y bydd y llyn, sydd bellach yn cronni yno, yn cuddio a dileu pob atgof am ei diweddar ŵr. Ond, yn y bôn, gŵyr na all angofio'r gorffennol heb gael cyfle i faddau i Islwyn; efallai, wedi'r cwbl, iddi yn ei siom a'i chwerwder gamddehongli popeth.

Byddai Dei yntau'n ddedwyddach dyn pe gallai faddau i Islwyn am blannu ynddo freuddwyd na all fyth ei wireddu.

Yng ngolygfa olaf y ddrama ceisiwyd dangos fel y gwireddir y dyheadau dyfnion hyn. Yn y cynhyrchiad yn Theatr Gwynedd ceisiwyd cyfleu hyn nid yn gymaint drwy gyfrwng geiriau, ond, yn hytrach, drwy gyfrwng ystum a chydchwarae sensitif a deallus rhwng actorion. Mae fel petai gwaith olaf Islwyn, a genir yn gyson ar y piano yn ystod y ddrama, yn cryfhau ewyllys y cymeriadau. Nid sicrhau rhyw waredigaeth bersonol iddynt eu hunain a wnânt: maent, fel teulu, gyda'i gilydd yn penderfynu ceisio ailafael yn eu bywyd. Ânt i gyffiniau Biwmares a Phenmon, gyda'i gilydd, i geisio wynebu digwyddiadau annymunol y gorffennol a cheisio'u claddu unwaith ac am byth. Mae llif ffrwd Ceinwen yn drech na'r arglawdd y ceisiodd Dwynwen ei godi; mae grym ei llif yn symbol o rym yr ewyllys ddynol.

Yn ddiweddar y mae'r dadlau ymhlith genetegwyr ynglŷn â haeriadau Dawkins a'i debyg wedi dwysáu. Ni all biolegwyr blaenllaw fel Stephen Jay Gould, Gabriel Dover a Steven Rose dderbyn ei thesis sylfaenol: mai hunan-les a pharhad genynnau sy'n llywio esblygiad. Dadleuant ei bod hi'n broses lawer mwy cymhleth: megis dechrau amgyffred ei dirgeleddau yr ydym. Wrth geisio'i deall, ni ddylid dibrisio'n drahaus arwyddocâd a swyddogaeth celfyddyd o safbwynt y broses esblygiadol. Mewn celfyddyd, deuir wyneb yn wyneb â'r meddwl dynol ar ei fwyaf cymhleth ac, o bosib, ar ei fwyaf rhydd. Ewyllys yr artist unigol sy'n pennu adeiladedd drama neu drywydd plot nofel; mae hynt a helynt ei gymeriadau hefyd ar drugaredd ei ewyllys. Gallai cerddor fel Islwyn, a wynebai angau oherwydd rhyw amherffeithrwydd genynnol, ei godi'i hun, drwy rym ewyllys, uwchlaw ei gyflwr corfforol a chyfansoddi campwaith.

Gadawaf y gair olaf i Charles Darwin. Er iddo gyflwyno damcaniaeth i'r byd a fyddai'n siglo rhagdybiaethau a chredoau oesol, yr oedd yn argyhoeddedig fod grymusterau eraill heblaw detholiad naturiol ar waith ym myd natur. Ar ddechrau argraffiad olaf (1872) ei lyfr *On the Origin of Species* dywed hyn:

> As my conclusions have lately been much misrepresented, and it has been stated that I attribute the modification of species exclusively to natural selection, I may be permitted to remark that in the first edition of this work and subsequently, I place in a most conspicuous position – namely at the close of the Introduction – the following words: 'I am convinced that natural selection has been the main but not the exclusive means of modification.' This has been of no avail. Great is the power of steady misrepresentation.

Fy mwriad wrth lunio'r rhagymadrodd hwn i'r ddrama oedd egluro, a hynny'n weddol fanwl, ei thema ganolog er mwyn gosod rhyw lun o ganllawiau i gyfarwyddwr ac actorion a fyddai'n dymuno ei chynhyrchu yn y dyfodol. Os gwelant themâu eraill ynddi, gorau oll. Rhywbeth i'w archwilio'n ddychmygus a deallus yw testun dramatig.

William R.Lewis

YR ACT GYNTAF

Yr Olygfa: *Parlwr moethus mewn plasdy bychan ar arfordir de-orllewinol Môn. Mae wedi'i ddodrefnu'n chwaethus – hen ddodrefn da. Mae ynddo silffoedd llyfrau a'r rheini'n or-daclus. Ar y muriau mae lluniau haniaethol eu naws yn crogi. Yn un pen i'r parlwr y mae piano grande agored a darnau o gerddoriaeth arni. Mae yma hefyd hi-fi drudfawr ac wrth ei ymyl nifer o gryno-ddisgiau a thapiau casét. Mae yna gitâr yn y parlwr hefyd. Hwnt ac yma mae teganau plentyn ifanc iawn.*

Mae'r stafell yn arwain allan i batio sy'n arwain i lawr grisiau gerrig at lawnt. Yng ngwaelod y lawnt hon y mae llyn ond ni all y gynulleidfa ei weld.

Tywyllwch. Fel y cyfyd y golau, clywn 'Ffrwd Ceinwen' yn cael ei chanu gan driawd piano. (Cyfansoddiad John Hywel.) Yn araf mae'r gerddoriaeth yn distewi. Yn y pellter, clywir sŵn injian gref J.C.B. yn nesáu at y tŷ. Mae'r sŵn yn cryfhau ac yna'n peidio. Y tu allan clywir llais DEI yn gweiddi: 'Mrs Davies? Mrs Davies?'. Mae DEI yn ymddangos wrth y grisiau gerrig. Mae'n ŵr ifanc tua 27 oed mewn dillad gwaith ac yn bur flêr yr olwg. Mae'n edrych o'i gwmpas, diffodd ei sigarét a cherdded yn llechwraidd braidd i'r parlwr. Unwaith eto, mae'n gweiddi 'Mrs Davies?', ac yna 'Dona?' ond ni chaiff ymateb. Mae'n ymlacio rhywfaint gan gerdded o gwmpas. Mae'n edrych ar y llyfrau, yna'r recordiau a'r crynoddisgiau. Mae'n eistedd wrth y piano ac yn ceisio *chwarae alaw o'i gof (un o eiddo Islwyn Davies, y cyfansoddwr, yn seiliedig ar 'Os Torrith Cob Malltraeth') ond mae'n cael cryn drafferth i fwrw ymlaen. Mae hyn yn ei gordeddu a'i wneud yn hynod flin a rhwystredig. Mae'n codi'n sydyn fel petai mewn siom a cherdded at yr hi-fi a'i droi ymlaen. Mae'n tiwnio radio'r hi-fi i orsaf arbennig a chlywir un o ganeuon 'John ac Alun' yn cael ei chwarae ar y radio. Mae'n ymateb i'r gân yn hynod flin. 'Blydi hel!' a throi y sain i lawr ychydig. Mae'n tynnu ffôn symudol o'i boced a phwyso'i fotymau.*

DEI: (*Ar y ffôn.*) Helo?… Dei. Dei Edwards. Ffonio chi o Sir Fôn… Ia, isio record… Rŵan 'lly? … Ia, iawn. (*Daw record 'John ac Alun' i ben.*)

RADIO: John ac Alun… Cofiwch fynd i wrando arnyn nhw yn Nhafarn y Rhos wsnos nesa'. Mi fydd yn noson a hannar. Ewch ych hun Gloria bach. Peidiwch â mynd â'r hen ŵr diflas 'na sy' gynnoch chi i ddifetha'r noson… Ond pwyll hefo'r llaeth mwnci… Yr hen Gloria o Walchmai. Halan y ddaear… Reit bobol, ma'n nhw'n deud i mi fod 'na rywun o'r enw Dei ar ben arall y ffôn… Dei? Ti 'na? (*Mae DEI yn cynhyrfu.*)

RADIO: Dei? Ti 'na?

DEI: Ydw.

RADIO: Meddwl bo chdi 'di rhedag yn ôl i dy dwll 'chan. O le ti'n ffonio, Dei?

DEI: O Sir Fôn.

RADIO: Un arall o wlad y medra.

DEI: Ia… Isio record 'dw i.

RADIO: Newydd fod yn siarad hefo Gloria. Nabod hi?

DEI: Nac'dw.

RADIO: Hogan ar y diawl, Gloria. Newydd ddeud wrtha'i sut ma' gneud jam riwbob. Ti'n lecio jam riwbob, Dei?

DEI: Nac'dw.

RADIO: Pa jam ti'n lecio?

DEI: Fydda i ddim yn lecio jam.

RADIO: O'n i'n meddwl fod pawb yn lecio jam. Jam cwsberis fydda i'n lecio. Llond llwy ohono fo ar frechdan Hovis… Ti'n ca'l cythral o gollad sti? Y? Dydyn nhw ddim yn lecio jam yn Sir Fôn 'cw? Dei? … Dei? Ti'n dal yna?

DEI: Ydw.

RADIO: O ble'n union yn Sir Fôn ti'n ffonio?

DEI: Rhosceinwen.

RADIO: Lle ma' fanno?

DEI: Ddim yn bell o Niwbwrch.

RADIO: Hen le go lew ,'lly?

DEI: Ma' siŵr.

RADIO: Ydyn nhw'n lecio jam cwsberis yna?

DEI: (*Yn flin.*) 'D wn i'm duw.

RADIO: Be fasat ti'n lecio'i glywad Dei?

DEI: Rhwbath gin Islwyn Davies.

RADIO: Ma'n ddrwg gin i?

DEI: Islwyn Davies. Cyfansoddwr o'r sir 'ma. Fuo fo farw bum mlynadd nôl. Ma'n nhw'n dadorchuddio plac er co'

	amdano fo yn y pentra 'ma heno. A deud y gwir, y darn faswn i'n lecio'i glywad fasa 'i drefniant o o *Gob Malltraeth.*
RADIO:	Cob lle?
DEI:	*Cob Malltraeth*.
RADIO:	O, Malltraeth. Ym Malltraeth ma'r hen Doris yn byw. Sut ma' hi pnawn 'ma Doris? Sut ma'r hen Sel? Ydi o am Man U dydd Sadwrn? Ydi m'wn. Stid gan' nhw, deuda wrtho fo… Hen bobol iawn ym Malltraeth. Halan y ddaear. Hogia'r werin, te ? (*Mae DEI yn rhoi'r ffôn i lawr yn hynod flin.*) Reit Dei. 'Dw i newydd ga'l nodyn gin ryw bishyn bach yn fan'ma yn deud nad oes 'ma ddim byd gin Islwyn Davies. Fasa ti'n lecio rhwbath arall? Dei? Ti 'na? Dei? Lle a'th o 'dwch?… Ta waeth, enjoia hon gin yr hen Doreen Lewis. Hogan a hannar Doreen.
	(*Mae'r gân i'w chlywed am ychydig ac yna, yn ei dymer, mae Dei yn diffodd y radio. Mae'n cerdded eto at y piano a cheisio chwarae, heb fawr o lwyddiant, y darn 'Cob Malltraeth'. Tra mae'n gwneud hyn ymddengys DONA ar y grisiau gerrig. Pan glyw'r gerddoriaeth, mae'n aros am ennyd. Mae mewn penbleth. Yna, mae'n cerdded i mewn. Am ennyd, nid yw DEI yn sylweddoli ei bod yno.*)

DONA: Be ti'n 'neud?

DEI: (*Yn llawn ffwdan.*) Chwilio am dy fam.

DONA: Dydi hi ddim yma. Ma' hi 'di picio i Fangor hefo Barry i nôl rhyw betha at heno. Pam? Be sy 'lly?

DEI: Gwlyb ydi hi yn y gwaelodion 'na. Dydw i ddim isio stompio'r lle efo'r J.C.B. 'na. Ond be arall 'na i?

DONA: Paid â gofyn i mi. 'Dw i'n dallt dim. Mi fyddan nhw'n ôl munud, ma' siŵr.

DEI: Be 'dw i fod i 'neud? Bwrw mlaen? Stomp fydd hi. Y pridd yn rhy feddal. I 'neud job iawn ma' gofyn rhoid llwythi o goncrit yna, sti? Stompio diawl ydi peth fel hyn.(*Mae DONA yn chwilio am rywbeth yn y silff lyfrau.*)

DONA: Gneud fawr o wahaniaeth, nac 'di? A'r lle 'ma ar fin ca'l 'i werthu.

DEI: Pwy ydi'r bobol 'ma sy'n mynd i' brynu o?

DONA: Duw a ŵyr. Rhyw syndicate o'r Wirral.

DEI: Barry yn un ohonyn nhw ma' siŵr, tydi?

DONA: Wn i'm. Fydda i byth yn holi. Dallt dim.

DEI: Pa flwyddyn o'dd hi?

DONA: Be?

DEI: Pa flwyddyn cyfansoddodd o *Cob Malltraeth*? (*Mae Dona yn codi ei hysgwyddau.*)

DONA: Rhywbryd yn niwadd y chwe dega.

DEI: Pan o'dd o'n darlithio ym Mangor. Mi ddoth yno yn 1969, do? Do, bendant… Be sy? 'Di synnu wyt ti?

DONA: Synnu?

DEI: Synnu mod i'n gwbod y petha ma?

DONA: Pawb at y peth y bo.

DEI: Wyddost ti be fydda i'n 'neud ar ddydd Sadwrn?

DONA: Na wn i.

DEI: Picio ben bora i Gaer. Parcio'r car wrth yr afon a'i gneud hi'n syth bin am H.M.V. Mi arhosa i yno am ryw ddwyawr, jest yn gwrando ar weithia'r mawrion. Ia 'chan, y mawrion. Tua'r un ar ddeg 'ma mi a' i am goffi i ryw le bach Italian wrth ymyl yr eglw's gadeiriol. Boi o Verona sy' bia fo. Ti 'di bod yn Verona? (*Mae Dona yn codi ei hysgwyddau eto.*) Rhaid i ti fynd. Uffar o amffitheatr fawr yno. Operâu drwy'r ha' yn yr awyr agorad. O'n i yno llynadd. Welis i *Aida*. Iawn. Gormod o sbloets i mi ond ro'dd hi'n noson braf ar y diawl. Jest pobol yn enjoio'u huna'n. Tu allan i'r amffitheatr ma' 'na piazza mawr. Caffis a ballu. Ar ôl y perfformiad fues i yno'n ista am oria… Lle o'n i? O, ia, ca'l panad yng Nghaer. Ar ôl llyncu'r banad mi a' i'n ôl i'r siop.

(*Mae DONA yn tynnu darn o bapur allan, gafael yn y gitâr a dechrau rhyw fwmial cân Saesneg. Mae DEI yn rhythu arni.*)

DEI: Be ydi hon? Cân newydd?

DONA: Ia.

DEI: Fawr o siâp arni, nac oes? …Rhei pobol yn medru chwara honna'n iawn, sti? … Am faint fuost ti yn y Guildhall 'na? (*Yn ei thymer, y mae DONA yn codi, taflu'r gitâr ar y soffa a rhuthro i fyny'r grisia. Mae DEI wedi synnu at ei hymddygiad.*)

DEI: Be ddeudis i?… Dim ond gofyn 'nes i…

(*Mae DEI ar ei ben ei hun eto. Mae'n cerdded at y piano a cheisio, unwaith eto, chwarae'r un darn. Y tro hwn y mae'n cael gwell hwyl arni. Tra mae'n gwneud hyn mae MEILIR yn ymddangos.Mae wedi gwisgo'n drwsiadus mewn siwt a chôt ddu laes. Yn un llaw mae ganddo gês teithio ac yn y llaw arall gyfrifiadur symudol bychan. Mae'n edrych o'i gwmpas, yn arbennig i gyfeiriad y llyn. Mae'n syllu ar yr hyn a wêl gyda syndod. Yna, mae'n cymryd sylw o'r gerddoriaeth a cherdded i mewn. Y tro hwn y mae DEI yn ei weld.*)

MEILIR: *Cob Malltraeth*.

DEI: 'Dw i'n gwella ma' raid.

MEILIR: Peidwch â gada'l imi'ch styrbio chi.

DEI: Potsian o'n i. Disgwl i'ch mam ddwad nôl o Fangor… Gneud rhyw joban 'dw i iddi.

MEILIR: Chi pia'r…?

DEI: J.C.B. Ia… Dei. Dei Edwards. Mi fydda nhad yn cadw'r garej stalwm. Cofio?

MEILIR: Tomi.

DEI: Ia, Tomi… Meilir, te?

MEILIR: Ia.

DEI: Y darlithydd?

MEILIR: Ia.

DEI: Caerdydd?

MEILIR: Ar hyn o bryd beth bynnag.

DEI: Braf arnach chi.

MEILIR: Pam 'dach chi'n deud hynna?

DEI: Digon o gyngherdda 'na, toes?

MEILIR: Oes, ma' siŵr.

DEI: Diawl o ddim byd rownd ffor'ma, chi? Weithia, ma' 'na rwbath go lew ymlaen yn y coleg. Ond yn y sir 'ma? Diawl o ddim. Bygyr ôl. Dim ond pensionïars yn puo emyna mewn steddfoda a karaoke yn y Crown nos Sadwrn.

MEILIR: Be'n union dach chi'n 'neud allan yn fanna?

DEI: Cwestiwn da ar y diawl. (*Maent yn edrych allan.*)

MEILIR: Y ffrwd 'na sy 'di gorlifo?

DEI: Ia a naci. Pryd fuoch chi yma ddwytha, d'wch?

MEILIR: Dolig?

DEI: O'n i'n ama. Mi benderfynodd ych mam 'i bod hi isio creu llyn yn y gwaelodion 'na. Atal lli'r ffrwd drw' godi argae bridd.

MEILIR: I be?

DEI: Fydda i ddim yn gofyn cwestiyna, dim ond gneud fel ma' pobol yn ddeud wrtha'i. Job ydi job, ond, myn diawl, ma' hon yn mynd yn drech na rhywun. Rhy wlyb tydi? Pridd yn rhy feddal. Ma'r dŵr 'di dechra torri trwadd wrth y clawdd 'na. Mi fydd Lôn Bacsia 'na'n llifo pan ddoith hi'n law. Ac mi fydd Jac Tŷ Gwyn yn chwara'r diawl. Rhyngthoch chi a fi, mocha diawl ydi peth fel hyn a dim byd arall. Lluchio pres.

MEILIR: E'lla bod nelo fo rwbath â'r gwerthu.

DEI: E'lla.

MEILIR: Rhyw betha fel hyn yn codi gwerth llefydd, tydyn?

DEI: Ma' siŵr.

MEILIR: Ond mae o'n beth hurt ar y naw i' ga'l, a chitha'n gwynebu'r môr, tydi? Rhwbath yn chwithig mewn ca'l llyn a môr yn yr un llun o flaen ych llygad chi... Neb adra 'lly?

DEI: Ma' Dona 'ma.

MEILIR: Lle ma' hi?

DEI: Fyny grisia.

MEILIR: Ydi 'mrawd wedi cyrraedd?

DEI: 'Dw i ddim yn meddwl… Gewch chi ddewis ych llofft felly.

MEILIR: Wel caf, caf?

DEI: Thâl hyn ddim. Mi fedra i fwrw mlaen hefo'r peipia 'na, medra? (*Wrth fynd allan, mae DEI yn bwrw golwg ar y piano. Mae'n aros ennyd.*)

DEI: Ges i uffar o feirniada'th dda gynno fo, 'chi?

MEILIR: Gin bwy?

DEI: Ych tad. Ga'th o wahoddiad i feirniadu yn steddfod 'r ysgol. Unawd bechgyn dan bymthag. Un o'i ganeuon o'i hun o'dd y darn. 'Llyn Cerrig Bach'. Hen ddarn digon anodd i lais ifanc ond, myn diawl, ges i gynta gynno fo. A beirniada'th. Mi fynnodd draddodi'r feirniada'th. Yr unig un draddododd o drw' gydol y steddfod. Isio imi fynd am wersi canu… Mynd i goleg cerdd a ballu. Uffar o hwb i rywun ar y pryd. Oedd 'chan. Hwb ar ar y diawl.

MEILIR: Pam na fasach chi wedi mynd?

DEI: A'th nhad yn giami, do? Rhwbath ar yr iau.'Naethon nhw ddim byd ond 'i agor o fath â macrall a'i gau o. Blydi doctoriad. Cofio un ohonyn nhw'n galw mam a finna' i ryw 'stafall. 'Ma'n ddrwg gynnon ni Mrs.Edwards. 'Fedrwn i 'neud dim byd iddo fo.' A dyma fo'n troi ar i sowdwl a'i gluo hi allan. Y peth nesa' o'n i'n 'i glywad o'n chwerthin ar y coridor hefo rhyw ddoctor arall. Sais. Sôn am Baron Hill a rhyw golff a ballu. 'I weld o'n beth rhyfadd i 'neud a mam o fewn deg llath iddo fo'n beichio crio. Ia, blydi doctoriad. Arglwydd, rhaid imi watsiad be 'dw i'n ddeud. 'Dach chi'n ddoctor, tydach?

MEILIR: Nac 'dw, ond gweithio'n yr un maes.

DEI: Be 'lly?

MEILIR: Geneteg.

DEI: 'Genes' a ballu, ia?

MEILR: 'Dach chi wedi clywad am y petha 'ma felly?

DEI: Uffar o ddim byd arall yn y papura ma' dyddia yma, nac o's? … Ta waeth, ro'dd rhaid i rywun gymryd y garej, toedd? Fel 'a ma' hi, ond myn diawl ro'dd o'n beth braf gwbod bod o ynach chi…Yn yr hen 'genes' 'ma, te?

MEILIR: Wel, ia. (*Mae MEILIR yn edrych ar y piano am ennyd.*)

DEI: *Cob Malltraeth*. Uffar o gân.

(*Mae DEI yn mynd allan. Pan â allan drwy ddrws y patio mae'n aros am ennyd ac edrych i gyfeiriad y llyn. Ymddengys fel petai'n ffieiddio ato'i hun. Mae'n magu plwc a cherdded i gyfeiriad y llyn gan adael MEILIR ar ei ben ei hun yn y stafell. Mae MEILIR yn edrych o'i gwmpas a thynnu ei ffôn symudol allan a phwyso'i fotymau. Mae rhywun, y pen arall, yn ateb yr alwad.*)

MEILIR: Claire? … Meilir… Are you teaching? … Just ringing to tell you I've arrived… Tonight… I don't think it's much of a do. Just the family, a few friends and some local dignitaries. Look. I'm coming down to London tomorrow… There's this conference at Imperial College. I also want a chat with the prof … Yes, I've applied for the post… How many times do I have to tell you? I don't care what Eleri says. Could we meet tomorrow evening somewhere? … A concert? Where? What time does it finish? … Meet me afterwards… What about that little French place in Covent Garden? … I have to see you, Claire… (*Daw Dona i mewn fel pe bai ar frys gwyllt. Mae MEILIR yn ddiplomataidd yn dirwyn y sgwrs ffôn i ben.*)

MEILIR: I'll give you a ring later on… Fine. Great. Cheers. (*Mae'n rhoi'r ffôn i lawr ac edrych ar DONA yn ymbalfalu yng nghanol y crynoddisgiau.*)

DONA: 'Chlywis i mohonat ti'n cyrra'dd.

MEILIR: Newydd landio.

DONA: Dy hun wyt ti?

MEILIR: Ia. Eleri'n methu dwad. Rhyw gwrs gynni hi. A ma' Deian a Glain yn cymryd rhan mewn gala nofio. Rhwbath gin yr Urdd. 'Nes i ddim dallt yn iawn.

DONA: Mi faswn i 'di lecio'u gweld nhw.

MEILIR: Ia, wel, fel 'a ma' hi… Faint o'r gloch ma'r cyfarfod 'ma?

DONA: Tua'r saith 'ma.

MEILIR: Syniad gwallgo' pwy o'dd trefnu peth fel hyn?

DONA: Rhyw bwyllgor placia ne' rwbath.

MEILIR: Be?

DONA: Ma'n nhw'n rhoid plac ar gartrefi enwogion yr ynys 'ma.

MEILIR: Ond yn y capal ma'n nhw'n rhoid y plac er cof am dad.

DONA: Dyna o'dd dymuniad mam.

MEILIR: Gwasanaeth crefyddol.

DONA: Ma' siŵr y medrat ti 'i alw fo'n hynny.

MEILIR: Pwy fydd yn cymryd y gwasanaeth 'ma?

DONA: Rhys.

MEILIR: Ydi o 'di cytuno 'lly?

DONA: Am wn i…

MEILIR: Diddorol.

DONA: Pam?

DONA: Pryd welist ti o ddwytha?

MEILIR: Rhys? Yn Llundain rhyw ychydig ar ôl Dolig. Ro'n i mewn cynhadledd yn Imperial College. Amsar cinio o'dd hi. Bicis i i Jermyn Street. Isio prynu crys ne' ddau a phwy ddoth rownd rhyw gongol ond Rhys. Dau offeiriad arall hefo fo. Ges i dipyn o sioc a deud y gwir. Wedi cymryd ychydig ddyddia o wylia medda fo. 'Chawson ni fawr o sgwrs. Ro'dd o ar frys. Ar 'i ffordd i weld rhyw sioe neu'i gilydd.

DONA: O'dd o'n edrach yn hapus?

MEILIR: Edrach yn ddigon bodlon 'i fyd. Ac yn medru byw yn ddigon twt ar gyflog offeiriad. Mi fydd yn gyrru rhyw gildwrn i'r plant 'cw rownd y rîl. Fydd o'n gyrru rhwbath i Tudur?

DONA: (*Yn gwta.*) Bydd, weithia.

MEILIR: Faint 'neith Tudur rŵan?

DONA: Pedair Dolig nesa.

MEILIR: Llond llaw?

DONA: Ydi.

MEILIR: Mynd i'r ysgol feithrin?

DONA: Nac 'di.

MEILIR: Pam?

DONA: Ca'l 'i hel o'no, y tinllach bach drwg.

MEILIR: Lle mae o rŵan?

DONA: Ca'l 'i warchod.

MEILIR: Gin bwy?

DONA: Mrs Ashfield. Byw yn Tŷ Calch. Athrawes ydi hi ond yn methu ca'l gwaith. Dim Cymraeg gynni hi. Tudur wrth 'i fodd yna. Mi geith aros 'na heno. Ma' hi'n dda fel 'na. Dim byd yn ormod o draffarth iddi… (*Mae DONA yn anesmwytho.*)

MEILIR: Leciwn i 'i weld o. Plant yn altro. Rhei acw 'di altro'n ofnadwy. Yn enwedig

Glain. Glain yn ca'l hwyl ar y cello. Ddoth adra o'r ysgol ryw ddiwrnod a deud 'Dad, 'dw i'n mynd i ddysgu chwara'r cello.' 'Wyt ti wir?' medda fi, 'a phwy sy'n mynd i brynu peth felly iti, mwyn tad?' 'Chi, siŵr iawn', medda hi. Be fedrwn i ddeud? Chwe chant o bunna. Ond mae o wedi bod 'i werth o. Ma' hi'n dda iawn chwara teg 'ddi. (*Mae DONA, mewn tymer, yn rhuthro allan i'r patio.*)

MEILIR: (*Mewn syndod.*) Be sy? ... Dal i 'meio i twyt?

DONA: Nac 'dw.

MEILIR: Ti'n dal i 'meio i am y busnas Arthur 'na twyt?

DONA: Nac 'dw.

MEILIR: Trio achub dy groen di o'n i.

DONA: Do'dd gin ti ddim hawl i 'myrryd.

MEILIR: Ro'dd o 'di hannar malu'r lle 'ma.

DONA: Dim hawl i fysnesu.

MEILIR: Ac wedi dy gicio di'n ddu las a chditha'n disgwl i blentyn o. Be ddiawl o'n i fod i 'neud?

DONA: Ddylat ti ddim fod wedi gada'l iddo fo ddreifio'r car. 'Nest ti ddim hyd yn oed trio dal pen rheswm hefo fo.

MEILIR: Fedra neb ddal pen rheswm hefo fo. Ro'dd o wedi meddwi, toedd?

DONA: Duw, Duw. Hogia'r lle 'ma i gyd yn chwil rownd y rîl.
(*Maent yn symud i mewn.*)

DONA: 'Nest ti sylwi ar y bloda?

MEILIR: Pa floda?

DONA: Ar y groeslon Pen Ffridd 'na, lle a'th Arthur ar 'i ben i'r wal.

MEILIR: Naddo.

DONA: Bob dydd Sadwrn ma' Barry yn mynd â bloda yna. Parcio'r car wrth Ben Ffridd, croesi'r lôn a'u gosod nhw'n dwt wrth fôn y clawdd. Mi sefith yna am tua hannar awr yn gneud dim ond rhythu arnyn nhw… O'n i'n mynd heibio diwrnod o'r blaen… Rhwbath… gwag yn yr holl beth… Ond dyna fo… ro'dd o'n dad i Arthur, toedd?

MEILIR: Ydi Barry yn gwbod?

DONA: Am y noson honno? Nac 'di. Mae o'n dal i feddwl ma' ar y ffordd adra o'r Crown o'dd o.

MEILIR: Ŵyr o ddim ma' yma o'dd o?

DONA: Na, a cheith o'm gwbod chwaith bellach. 'Dw i ddim isio cynhyrfu'r dyfroedd. Ma' mam a fynta yn gymaint o lawia tydyn?

MEILIR: Be ti'n feddwl, 'llawia'?

DONA: I helpu hi i ga'l caniatâd cynllunio ar yr hen sgubor 'na a ballu. Barry yn ddyn go bwysig erbyn hyn. Nabod pawb. Rhan o sefydliad y twll lle 'ma. Dydi o ddim yn ddrwg i gyd. Rhwbath reit ffeind yn'o fo. Eith â Tudur ar wylia i rwla bob hyn a hyn… Ma' hynny'n rhoid cyfla i mi roid mwy o sylw i'r band… A fydda i ddim yma mewn chydig fisoedd, na fydda'?

MEILIR: O? A lle ti'n mynd, 'lly?

DONA: Brighton.

MEILIR: Brighton?

DONA: Fanno ma'r rhan fwya o hogia'r band yn coleg. Ma'n nhw'n gorffan 'leni. 'Dan ni wedi penderfynu byw yno. 'Neith betha'n haws i bawb.

MEILIR: Petha ar i fyny?

DONA: Ydyn.

MEILIR: Ei di â Tudur hefo chdi?

DONA: E'lla gwna'i ada'l o hefo mam. Ga'i weld sut eith hi.

MEILIR: 'Dach chi wedi trafod y peth?

DONA: Do… Fydd hi ddim yn broblem fawr a deud y gwir. Mi fydd Tudur yn dechra'n 'r ysgol gyda hyn… Ysgol breifat yn rhwla.

MEILIR: Ti'n sylweddoli faint 'neith hynny gostio?

DONA: Barry fasa'n talu. Isio gneud medda fo.

MEILIR: Lle eith o felly?

DONA: Duw a ŵyr… A be ydi dy hanas di dyddia yma?

MEILIR: Newydd 'neud cais am gadair.

DONA: Yng Nghaerdydd?

MEILIR: Naci. Llundain.

DONA: Meddwl cei di hi?

MEILIR: Siawns reit dda.

DONA: Be ma' Eleri'n ddeud?

MEILIR: Cefnogol, fel arfar.
DONA: Be tasa ti'n i cha'l hi?
MEILIR: Ia? Wel?
DONA: Wnâ' hi symud?
MEILIR: Ma' siŵr.
DONA: Prinder athrawon yn Llundain meddan nhw.
MEILIR: Felly ma'n nhw'n deud.
DONA: A'r plant?
MEILIR: Fydd hynny ddim problem.
DONA: Pam?
MEILIR: O'n inna wedi bwriadu gyrru rhei 'cw i ysgol breswyl hefyd.
DONA: Tydan ni fel teulu'n codi'n y byd?
MEILIR: Ydan, tydan? Ond dyna fo, ma' rhaid talu am addysg dda dyddia yma… Mi fuon ni fel plant yn lwcus, sti? Ca'l mynd i lefydd a gweld petha, ca'l ehangu'n gorwelion. Cofio fel byddan ni'n mynd i Stratford 'stalwm? Stopio yn y dafarn 'na tu allan i Warwick. Be o'dd 'i henw hi d'wad?
DONA: Yr 'Horse and Jockey'.
MEILIR: Gardd fawr yn y cefn i blant. Cofio ar ôl rhyw beint ne' ddau mi fydda' nhad yn mynd i hwyl. Dechra dyfynnu o'r ddrama ro'ddan ni wedi dwad i lawr i' gweld. (*Mae'n dechrau dyfynnu.*)
'There may be in the cup
A spider steep'd and one may drink, depart

And yet partake no venom, for his knowledge
Is not infected; but if one present
The abhorr'd ingredient to his eye, make known
How he hath drunk, he cracks his gorge, his sides
With violent hefts. (*DONA yn ymuno.*)
I have drunk, and seen the spider.'

DONA: *The Winter's Tale*. Leontes, Brenin Sisilia.

MEILIR: Gwybodaeth yn llwyr newid y byd. Newid y cwbwl lot. Popeth. (*Mae MEILIR yn anesmwytho. Mae'n edrych allan at y lawnt.*) Nhad wrth 'i fodd yn mynd at y ffrwd 'na.Yn yr ha' mi fydda'n mynd â chadair lan môr ac ista am oria yna. Mynd â dim hefo fo. Dim ond gorfadd yn ôl, cau'i lygaid a myfyrio. Tuag amser te, mi fydda mam yn mynd â phanad iddo fo. Wedyn mi ddôi i mewn, mynd at y piano a chyfansoddi tan berfeddion.

(*Mae'r ffôn yn canu. Mae Dona yn mynd i mewn a'i godi.*)

DONA: (*Ar y ffôn.*) Helo? … O, Iwan, sut ma hi? … Be? Sori? … Pleidleisio? … Naddo… Ddo'i heibio nes ymlaen, reit? … Na, na… Pobol ddiarth sy gynnon ni… Hwyl.

(*Mae'n dod yn ôl at MEILIR.*)

MEILIR: Pwy o'dd 'na?

DONA: Rhyw foi yn gofyn o'ddwn i wedi pleidleisio.

MEILIR: O.

(*Ymddengys DEI.*)

DEI: Dwad yma i dwtio 'nes i, ddim i blydi 'redig. Ylwch? Lawnt ydi honna i fod.

DONA: Isio panad?

DEI: Wna'i ddim gwrthod.

DONA: Meilir.

MEILIR: Ia, iawn.

DONA: Dowch i mewn.

DEI: Na, ma'n nhraed i'n drybola o faw.

DONA: Tynna dy sgidia a gad nhw'n fanna.

DEI: Fedri di ddiodda'r ogla?

DONA: (*Wrth DEI.*) Coffi 'ta te?

DEI: Coffi. A gwna fo'n gry'.

(*Mae DONA yn mynd allan. Mae MEILIR yn cerdded at y piano ac eistedd i lawr yn rhythu ar y nodau. Mae DEI yn tanio sigarét.*)

DEI: Stomp fel hyn ddim yn mynd i godi gwerth y lle 'ma, nac 'di? Y? Blydi syniad lloerig. Ffrydia. Petha rhyfadd ar y diawl. Fel tasa gynnyn nhw'u hewyllys 'u huna'n. (*Mae MEILIR yn ceisio chwarae nodau 'Ffrwd Ceinwen' ar y piano.*) Betia i chi, pan ddo'i yma ben bora fory, mi fydd 'na dros droedfadd o ddŵr ar y blydi lôn 'na. 'Dw i 'di cario tunelli at y clawdd 'na'n barod. Gneud diawl o ddim gwahania'th. Be 'dach chi'n chwara?

MEILIR: *Ffrwd Ceinwen*.

DEI: Gwaith ych tad 'lly?

MEILIR: Ia.

DEI: 'Chlywis i 'rioed amdani.

MEILIR: 'Nath o rioed 'i chyhoeddi hi.

DEI: Gwahanol rywsut, tydi? Hynny ydi, gwahanol i'r petha er'ill gyfansoddodd o.

(*Mae MEILIR yn rhoi'r gorau i chwarae.*)

DEI: Sori… Cariwch ymlaen.

MEILIR: Na. Fedra i ddim yn 'y myw gofio'r gweddill.

DEI: Pam?

MEILIR: Wn i'm. Rhyw ddarn na fedrwch chi rywsut deimlo be sy'n dwad nesa'. Y cwbwl ar chwâl, rywsut.

DEI: 'Sgynnoch chi gopi ohoni?

MEILIR: Oes, yn y stydi 'cw'n rhwla. Yng nghanol y nialwch.

DEI: 'Dach chi'n un blêr?

MEILIR: Gythreulig. (*Mae DEI yn chwerthin.*)

MEILIR: Be sy' mor ddoniol?

DEI: Ddim yn disgwl i chi ddeud gair fel 'na.

MEILIR: Pam?

DEI: Wn i'm. Swnio mor, be fasa'r gair, gartrefol? Hen ffasiwn? Fath â tasach chi rioed wedi gada'l y lle 'ma.

MEILIR: Ges i 'magu yma.

DEI: Do… O'dd o'n siomedig?

MEILIR: Pwy?

DEI: Ych tad.

MEILIR: Ynglŷn â be?

DEI: Na 'naethoch chi ddim mynd yn gerddor?

MEILIR: Os o'dd o, ddeudodd o 'rioed.

DEI: Meindio i mi ofyn 'lly… sut geuthoch chi afa'l ar y diwn 'ma, ta?

MEILIR: Fo roth hi imi.

DEI: Pryd?

MEILIR: Rhyw fis cyn iddo fo farw. Ro'dd o'n Clatterbridge. Newydd ga'l 'i driniaeth. Do'dd o ddim hannar da ond mi fynnodd mod i'n mynd â fo am dro. Mi aethon ni i Hoylake. Parcio'r car wrth y môr. Hwyl dda arno fo. Aethon ni am dro gerddad. Fel ro'ddan ni'n cerddad yn ôl at y car dyma fo'n tynnu'r darn papur 'ma allan. 'Rhwbath bach iti', medda fo. 'Ges i hyd i biano yn y diawl lle 'na.' Ddeudis i ddim byd ond 'i daro fo ym mhocad rhyw anorac o'dd gin i. Yr holl ffordd nôl i'r sbyty, ro'dd o'n sôn am y darn. Ond do'n i ddim yn gwrando. Yr unig beth o'dd ar 'y meddwl i o'dd rhyw ddarlith o'n i'n 'i rhoid yn Lerpwl gyda'r nos. Pan gyrhaeddon ni'r 'sbyty, do'dd o ddim isio imi fynd â fo'n ôl i'r ward. Ffarweliodd hefo fi yn y maes parcio. Llusgo cerddad o'r car ac fel o'n i'n cychwyn troi i edrach arna'i.

Codi'i law a gwenu. Duw a ŵyr lle taris i hi.

DEI: E'lla ma yn yr anorac 'na mae hi?

MEILIR: E'lla... Barry Williams?

DEI: Be amdano fo?

MEILIR: Nabod o?

DEI: 'Dw i'n gweithio iddo fo, tydw?

MEILIR: Mam a fynta'n dipyn o lawia, medda Dona.

DEI: Dyna ddeudodd madam?

MEILIR: Ma 'na fwy iddi na hynny, toes?

DEI: Ylwch, dim ond dwad yma i weithio 'dw i.

MEILIR: Syniad pwy o'dd gwerthu'r lle 'ma? Fo ta hi?

DEI: Ylwch, do's 'nelo fo'm byd â fi... Ond, os cewch chi hyd i'r darn 'na, fasach chi'n fodlon anfon copi ata' i?

MEILIR: Atab 'y nghwestiwn i! Be sy'n mynd ymlaen rhwng y ddau! Atab fi! ... Ma'n ddrwg gin i.

DEI: Well gin i stomp 'dw i'n gyfarwydd â hi, myn diawl. (*Mae DEI yn mynd allan wedi cynhyrfu, i'r lawnt. Mae MEILIR yn mynd yn ôl i'r parlwr. Mae'n cerdded o gwmpas fel petai mewn penbleth. Daw DONA i mewn gyda'r coffi. Mae'n rhoi un i MEILIR.*)

DONA: 'Ma chdi.

MEILIR: O... diolch. (*Mae'n mynd i gyfeiriad y patio gan dybio fod DEI yno.*)

DONA: Yn enw'r nefo'dd, tynna'r sgidia 'na a ty'd i mewn 'nei di. (*Sylweddola nad yw DEI yna.*)
Lle me o 'di mynd?

MEILIR: I'r gwaelodion 'na i rwla.

DONA: Ydi o'n dwad nôl?

MEILIR: Wn i'm... Pryd ddechreuodd y ddau ddwad yn llawia?

DONA: Pwy?

MEILIR: Barry a mam.

DONA: 'Dw i ddim yn siŵr. Llynadd rywbryd...

MEILIR: Be o'dd enw'i wraig o?

DONA: Mam Arthur?

MEILIR: Ia.

DONA: Mair.

MEILIR: Pam 'naethon nhw ysgaru?

DONA: 'Naethon nhw ddim. Mi fuo hi farw ddwy flynadd yn ôl.

MEILIR: Ond ro'ddan nhw wedi gwahanu, toeddan?

DONA: Oeddan.

MEILIR: O'dd o'n potsian hefo rhywun?

DONA: Ddim i mi wbod. Pam ti isio gwbod y petha 'ma?

MEILIR: Yr haf y buo nhad farw fues i gartra am bythefnos. Es i am dro i Langwyfan. Ar ganol y lôn 'na sy'n arwain at y traeth, ro'dd 'na Land Rover. Ro'n i'n meddwl ma' rhyw ffarmwr o'dd pia hi. Symud defaid ne' rwbath. Ond pwy ddoth ond Barry.

Rhyw hogan hefo fo. Dal i gofio be o'dd hi'n 'i wisgo. Côt laes ddu. Golwg y diawl arni hi. Mae'n amlwg 'i bod nhw wedi bod yn ffraeo. Mi fagis i'r car at ben lôn i 'neud lle iddo fo basio. Dydw i ddim yn meddwl iddo fo nabod i. 'Mhen rhyw ddeuddydd, ro'n i'n nôl petrol yn y garej 'na yn Borth a phwy ddreifiodd i mewn ond y fo. Droth o'i ben. Ddeudodd o ddim gair wrtha'i... Ma' nhw'n fwy na llawia, tydyn?

DONA: Ma'n nhw'n bobol yn 'u hoed a'u hamsar, Meilir.

MEILIR: Pam ddeudist ti g'lwydda wrtha'i?

DONA: 'Nes i ddim deud c'lwydda wrthat ti.

MEILIR: Do'ddat ti ddim isio imi ga'l gwbod am hyn, nac o'ddat?

DONA: Mam ofynnodd imi beidio deud.

MEILIR: Pam?

DONA: Do'dd hi ddim isio rhyw hen annifyrdod. Y cyfarfod 'ma 'di drefnu a ballu, toedd? Be ydi o'r ots? Neno'r nefo'dd ma' gynnon ni'n tri yn bywyda'n hunan rŵan. Rhyngthyn nhw a'u petha.

MEILIR: Be? Dydyn nhw 'rioed yn bwriadu...?

DONA: 'D wn i'm. Diawl o ots gin i chwaith. Paid â chymryd arnat dy fod ti'n ama dim, reit? Ges i siars i gau ngheg... Ti'n gaddo imi? ... Wel? Wyt ti?

MEILIR: Iawn. Iawn.

DONA: Ydi hwn isio'r coffi 'ma ta be?

(*Mae DONA yn mynd at y patio a thaflu'r coffi allan ar y lawnt. Yn y cyfamser mae MEILIR wedi estyn ei gyfrifiadur ac yn dechrau gweithio arno. Daw DONA yn ôl i mewn. Mae'n edrych ar MEILIR am ennyd.*)

DONA: Newid dim, nac wyt?

(*Mae MEILIR yn ei fyd bach ei hun.*)

MEILIR: Mm?

DONA: Dyna'r co' sy gin i amdanat ti.

MEILIR: Be?

DONA: Dy drwyn mewn rhyw lyfr ne' rwbath rownd y rîl. (*Mae DONA yn chwerthin.*) Cofio ca'l uffar o beltan gin mam pan o'ddat ti'n gneud dy Lefel 'A'. Ro'ddat ti'n gweithio ar gyfer rhyw bapur ffiseg yn y llofft. Ro'dd pawb i fod i gadw'n dawal. Ond y noson honno mi ddoth Gwenda Cae Llys adra o'r ysgol hefo fi. Ro'dd hi 'di prynu rhyw dâp. *'Duran Duran'* ne' rwbath, os 'dw i'n cofio'n iawn. Mi fynnodd 'i chwara fo'n llofft. Argo, dyma mam i mewn. Diffod y peth a rhoid peltan iawn imi. Ro'dd Gwenda wedi dychryn cymaint mi redodd adra heb 'i thâp. Mae o yma o hyd yn rhwla… (*Mae DONA yn chwilio am y tâp.*) Ges di lonydd ,'do? … Châi neb dy strybio di… Be ti'n 'neud pan ma'r hogia 'cw'n dy strybio di? Peltio nhw?… (*Mae MEILIR yn llawn rhwystredigaeth yn gwrando ar hyn.*) Be ti'n 'neud?

MEILIR: Tsiecio rhyw ystadega.

DONA: Ystadega be?

MELIR: Am funud, Dona, plîs…

DONA: Sori.

(*Mae DONA yn cerdded at y silffoedd wrth ymyl yr hi-fi, tynnu crynoddisg allan, a'i roi i mewn yn y chwaraeydd. Mae miwsig pop yn diasbedain yn y stafell. Mae'n disgwyl ymateb gan MEILIR. Ni chaiff. Mae'n troi'r sain yn uwch.*)

MEILIR: Diffa hwnna, 'nei di?

DONA: Pam?

MEILIR: Fedra'i ddim canolbwyntio.

DONA: Dos i'r llofft.

MEILIR: 'Dw i ddim isio mynd i'r llofft.

DONA: 'Dw i isio clywad hon!

MEILIR: O's rhaid iti?

DONA: Rhaid.

MEILIR: Ti ddim yn gweld? 'Dw i'n trio gweithio!

DONA: Pam ma' rhaid iti weithio rŵan?

MEILIR: 'Cha' i ddim cyfla heno!

DONA: 'Cha' inna ddim cyfla i wrando ar hon heno chwaith!

MEILIR: Tro hi i lawr ta!

DONA: Na 'na!

(*Mae MEILIR yn ei dymer yn mynd at yr hi-fi a throi'r sain i lawr. Mae DONA unwaith yn rhagor yn troi'r sain yn uwch. Mae MEILIR yn ei droi i lawr. Mae DONA yn ei droi'n uwch. Dechreuant ymladd, bron.*)

DONA: Paid 'nei di! Ma' gin i hawl i' chlywad hi!

MEILIR: Be ddiawl haru ti, d'wad! Faint ti'n feddwl ydi d'oed di?

(*Trwy'r drws cefn ymddengys DWYNWEN a BARRY. Mae'r ddau'n cario bagiau siopa. Mae gan Barry un bag neilltuol o fawr.*)

DWYNWEN: Be ar wynab y ddaear ydi'r holl sŵn 'ma?

BARRY: 'I glywad o o dop lôn myn diawl.

(*Mae DWYNWEN yn rhoi'r bagiau ar lawr ac yn cerdded at yr hi-fi a'i ddiffodd.*)

DWYNWEN: (*Wrth MEILIR.*) Newydd gyrraedd wyt ti?

MEILIR: Rhyw hannar awr yn ôl.

DWYNWEN: 'Nabod Barry, twyt?

MEILIR: Ydw.

BARRY: Gest ti siwrna go lew?

MEILIR: Di-fai.

DONA: Rhywun wedi bod yn gwario eto?

DWYNWEN: (*Yn edrych ar BARRY.*) A 'dan ni'n gwbod pwy, tydan? (*Mae BARRY yn codi bag coch.*)

BARRY: Rhwbath bach i ti.

DONA: Chwara teg. (*Mae DONA yn cymryd y bag.*)

BARRY: Agor o. (*Mae DONA yn agor y bag a thynnu ffrog ddigon hyll allan. Nid yw'n siŵr beth i'w ddweud.*)

DWYNWEN: Barry ddaru 'i dewis hi.

BARRY: Gweld hi yn y boutique newydd 'na wrth ymyl capal Pen-dre.

DWYNWEN: Dos i fyny i thrio hi, inni ga'l 'i gweld hi amdanat ti.

DONA: Rŵan 'lly?

BARRY: Wel ia, siŵr dduw... Ydi Tudur yma?

DONA: Nac 'di. Ca'l 'i warchod.

BARRY: Eto? Pryd ddiawl geith 'i daid 'i weld o?

DONA: A be dach chi 'di brynu iddo fo tro 'ma? (*Mae'n tynnu cwch model allan o'r bag ynghyd â radio i'w reoli.*)

BARRY: Hon, 'mechan i.

DONA: Ddylach chi ddim.

BARRY: Dos i newid a paid â chwyno. (*Mae DONA yn mynd allan.*)

DWYNWEN: Pam na 'nei di gyfadda? Chdi dy hun o'dd isio hi, te?

BARRY: Pawb hawl i ga'l ail blentyndod mechan i. Y? *(Wrth MEILIR.)* Be ti'n ddeud?

MEILIR: Oes, ma' siŵr.

DWYNWEN: Mi fasa ni'n ôl yn gynt onibai 'u bod nhw 'di codi'r lôn wrth Bryn Ysgo.

MEILIR: Ges inna ddalfa'n fanno hefyd. Be ma'n nhw'n 'neud yna?

DWYNWEN: Gofyn i Barry 'ma.

BARRY: Pam gofyn i mi?

DWYNWEN: Dy faes carafan di ydi o.

BARRY: Oreit, oreit. Gwario 'dw i . Pawb isio steil dyddia yma, tydyn? Y? Showers a ballu. 'Neith pobol ddim mo'i ryffio hi heddiw. Isio'u blydi cysuron. Y job lot. Gwahanol iawn i fel bydda hi stalwm. 'Dw i'n cofio Mair a finna pan o'dd Arthur yn fabi…

DWYNWEN: (*Yn gwenu.*) 'Dw i ddim isio'i chlywad hi.

BARRY: Pam?

DWYNWEN: Ma' hi'n ffia'dd.

BARRY: Dydi o ddim 'di chlywad hi, nac 'di? Mair a finna yn penderfynu rhentu carafan tu allan i Aberaeron. Do'ddan ni ddim isio mynd yn bell. Babi o'dd Arthur. Cyrraedd yno'n hwyr ryw nos Sadwrn. Sôn am uffar o le. Dim toilets. Dim showers. Bygyr ôl. Aethon ni adra ar ôl tridia. Pwy welis i ond Elis Huws Plas. Fo a'i wraig, newydd fod ar cruise o gwmpas Jamaica. 'Sut a'th yr holidays Wilias?' medda fo. 'Uffernol', medda fi. Dyma fi'n disgrifio'r twll lle 'ma gaethon ni yn Aberaeron. Ti'n gwbod be ddeudodd o?

MEILIR: Na wn i.

BARRY: 'Ylwch, Wilias bach', medda fo, 'dach chi'n ddyn sy'n gweithio fath â slaf drw'r flwyddyn. Pam ddiawl 'dach chi'n mynd i ffwrdd i rwla am wsnos jest i gachu mewn pwcad?' (*Mae BARRY yn chwerthin llond ei fol.*)

DWYNWEN: Twt lol, Barry.

BARRY: Deud y gwir, toedd? Y? Sbiis i ddim ar garafan wedyn. Sbaen fuo hi bob blwyddyn ar ôl hynny. Ond ma' rhei o'r petha Lerpwl ma'n ciwio i fynd iddyn nhw. 'Iawn', medda fi, 'os ma' dyna be 'dach chi isio, pob croeso ichi'r ffernols.' Ond ma' hyd yn oed y diawlad rheini 'di dechra molchi rŵan. Isio'r job lot ar blât... A be ydi dy hanas di dyddia yma? Dal yng Nghaerdydd 'na?

MEILIR: Ydw.

BARRY: Fydda' i yng Nghaerdydd yn amal, 'bydda Dwynwen?

DWYNWEN: Byddi.

BARRY: Blydi cyfarfodydd. 'Nes i alw heibio'r coleg 'cw fythefnos nôl ond do'ddat ti ddim ar gyfyl y lle. Yr ysgrifenyddes 'na sy gynnoch chi'n cau deud wrtha'i ble ro'ddat ti. Lle ro'ddat ti felly?

MEILIR: Yn y labordy ma' siŵr.

BARRY: Pam na fasa hi wedi deud hynny wrtha'i, ta? Hulpan. Peth hyll ar y diawl hefyd. Do's 'na ddim genod del o gwmpas Caerdydd 'na, d'wad?

MEILIR: Ma' hi'n ysgrifenyddes ardderchog.

BARRY: Pan fydda i'n chwilio am rywun i deipio imi, mi fydda i'n chwilio am rywun del, yli. Uffar ots be sy'n i phen hi. Peth braf ydi cerddad i mewn i swyddfa yn y bora a rhywun del yn dy wynebu di hefo gwên. Gneud gwahania'th, sti? Pobol yn gweithio'n well. Hapusach yli. Mi faswn i'n ca'l gwarad â honna ffordd gynta. Rhoid y lôn i'r garglan. (*Wrth DWYNWEN.*) Ydan ni wedi dwad â bob dim o'r car, d'wad?

DWYNWEN: Do, heblaw am y taflenni ar gyfar heno.

BARRY: Lle ma'n nhw?

DWYNWEN: Mewn bocs yn y bŵt.

BARRY: (*Wrth MEILIR.*) Picia i nôl nhw, gwael. (*Mae BARRY yn lluchio goriad at MEILIR. Mae MEILIR yn ei ddal. Mae MEILIR ar fin mynd pan wêl BARRY y cyfrifiadur.*)

BARRY: Handi.

MEILIR: Ydi, handi ar y naw.

BARRY: D'rofun prynu un o'r rhein. Petha drud?

MEILIR: Tua mil.

BARRY: Drytach na'r petha mawr 'ma,'lly?

MEILIR: Costio mwy i 'gneud nhw meddan nhw i mi. (*Mae BARRY ar fin rhoi ei fysedd arno. Mae MEILIR yn cynhyrfu.*) Peidiwch â twtsiad hwnna!

BARRY: Pam?

MEILIR: 'Dw i ar ganol gneud rhwbath.

BARRY: Sori, sori. (*Â MEILIR allan.*) Sych ar y diawl, tydi?

DWYNWEN: Mae o wedi dreifio o Gaerdydd, cofia.
BARRY: Gneud hynny yn 'y nghwsg, 'chan.
DWYNWEN: Bora bach hyfryd.
BARRY: Joio dy hun?
DWYNWEN: Do. Yn arbennig y cinio. 'Mhen i'n troi ar ôl y gwin 'na.
DWYNWEN: Y petha 'ma … do'dd dim rhaid gwario'n wirion arnan ni.
BARRY: Tara'r gôt 'na brynis i iti amdanat.
DWYNWEN: Aros inni ga'l panad, wir.
BARRY: Ty'd laen. 'Dw i isio 'i gweld hi.
DWYNWEN: (*Wedi blino.*) Barry.
BARRY: Ma' gin i hawl i weld be ges i am ddau gan punt.
DWYNWEN: Mi welist ti hi amdana' i yn y siop.
BARRY: Ddim yn iawn. Rhyw hen ola rhyfadd yna. (*Mae'n edrych ar y gôt wrth i DWYNWEN ei thynnu allan.*) Ia… Du ydi hi, te?
DWYNWEN: Ia, du. (*Mae DWYNWEN yn rhoi'r gôt amdani. Mae DEI yn rhoi ei ben i mewn drwy ddrws y patio.*)
DEI: Fedra i 'neud dim byd yn y gwaelodion 'na. Ma' hi'n rhy wlyb.
BARRY: Chdi sy 'di bod yn stompio, te? Y?
DEI: Ma'n rhaid inni ga'l at y llyn, rhaid?
BARRY: Gad hi tan fory. E'lla sychith hi… Lecio hi? Y?
DEI: Be?
BARRY: 'I chôt hi.
DWYNWEN: (*Yn flin.*) Barry.
DEI: Del. Del iawn, Mrs Davies.

BARRY: Dau gant, washi.

DEI: (*Mewn syndod.*) Arglwydd…
(*Mae DEI ar fin mynd.*)

BARRY: Paid â mynd. Paid â mynd.

DEI: Pam?

BARRY: Gin i rwbath i ddangos iti.

DEI: Be?

BARRY: Aros am funud. (*Mae BARRY yn codi'r cwch a'r radio.*) Ddeudis i wrthat ti mod i am brynu un i Tudur, do?

DWYNWEN: Lle ti'n mynd?

BARRY: I' thrio hi, te? (*Wrth DEI.*) Caria hi imi, gwael. (*Mae DEI yn cymryd y cwch.*)

DEI: Ew. Cwch bach handi 'chan.

BARRY: Ydi dy facha di'n lân?
(*Mae DEI yn edrych ar ei ddwylo.*)
Ty'd â hi yma… Sglyfa'th !… Gneud diawl o ddim ond mocha yn y lle 'ma…
(*Diflanna DEI a BARRY i gyfeiriad y llyn. Ymddengys DONA mewn ffrog erchyll o hyll. Mae DWYNWEN yn edrych arni.*)

DWYNWEN: O, ma' hi'n hyfryd, Dona. Ydi ma' hi.

DONA: Ma' hi'n uffernol.

DWYNWEN: Be haru ti?

DONA: 'Dach chi ddim yn disgwl i mi wisgo peth fel hyn, debyg?

DWYNWEN: Ydw. Heno.

DONA: Be?

DWYNWEN: Paid â gneud lol. Gwisga hi.

DONA: (*Yn edrych ar y ffrog.*) Fo ddewisodd honna i chitha hefyd?

DWYNWEN: Naci tad.
(*Ymddengys MEILIR gyda bocs yn cynnwys taflenni yn ei law.*)
Pam? Ti ddim yn 'i lecio hi?

MEILIR: Nac 'dw.

DWYNWEN: Diolch yn fawr.

MEILIR: Du ddim yn gweddu ichi. Lle ro' i rhein?

DWYNWEN: Tara nhw ar y bwrdd. (*Mae MEILIR yn mynd at y bwrdd ac wedyn yn mynd at y cyfrifiadur.*)

MEILIR: (*Yn flin.*) Be mae o wedi'i 'neud i hwn?

DWYNWEN: Dim byd.

MEILIR: Ma' rhywun 'di bod yn chwara hefo fo.

DWYNWEN: Ddaru o ddim mo'i dwtsiad o.

MEILIR: Ro'dd 'na stwff ar y sgrin 'na. Lle mae o 'di mynd?

DWYNWEN: Paid â gofyn i mi.

MEILIR: 'Nes i ddeud wrtho fo am beidio twtsiad yn'o fo.

DWYNWEN: Am y tro dwytha 'na'th o ddim byd.

MEILIR: (*Wrth DONA.*) 'Nes ti dwtsiad o?

DONA: Naddo.

DWYNWEN: O'dd 'na rwbath pwysig arno fo?

MEILIR: Wrth gwrs bod 'na rwbath pwysig arno fo. Lle mae o?

DWYNWEN: Hefo Dei, wrth y Llyn. (*Mae MEILIR yn rhuthro i gyfeiriad y patio ac edrych allan.*)

DONA: 'Dw i ddim yn gwisgo hon heno, reit?

DWYNWEN: Wyt! A dyna ddiwadd arni.

MEILIR: Fedra i ddim coelio hyn! (*Mae MEILIR yn chwerthin.*)

DWYNWEN: Gad lonydd iddyn' nhw. Presant i Tudur ydi o. Neno'r nefo'dd, ty'd i mewn, 'nei di!

(*Daw MEILIR i mewn yn ysgwyd ei ben mewn anghredinedd. Mae DWYNWEN yn mynd at y bocs taflenni sydd ar y bwrdd a thynnu taflen allan.*)

DWYNWEN: Dyma daflan y gwasana'th. 'Nes i ofyn gawn i 'i pharatoi hi yn hytrach na'r pwyllgor o dwps 'na ... Gobeithio 'i bod hi'n iawn. (*Mae'n rhoi taflen yn llaw MEILIR. Mae yntau'n edrych arni.*) Wel? 'Neith hi'r tro? Ydi hi'n deilwng o dy dad?

MEILIR: Ydi Rhys yn gwbod i fod o'n rhoi'r deyrnged?

DWYNWEN: Ydi.

MEILIR: Pryd cytunodd o?

DWYNWEN: Wsnosa'n ôl.

MEILIR: Ac mi ro'dd o'n fodlon gneud?

DWYNWEN: Oedd. Mwy na pharod.

MEILIR: Be ydi peth fel hyn?

DWYNWEN: Be?

MEILIR: Yr emyn 'ma.

DWYNWEN: Rhyw feddwl o'n i y dylan ni ganu emyn i gloi'r cyfarfod.

MEILIR: Iawn, iawn. Ond pam dewis yr hen dôn yma?

DWYNWEN: Pa dôn ydi hi?

MEILIR: *Degannwy.*
DWYNWEN: Ia? Wel?
MEILIR: Ro'dd 'y nhad yn 'i chasáu hi.
DWYNWEN: O'dd o?
MEILIR: Oedd. Gyda chas perffaith. Chi ddaru 'i dewis hi?

(*Mae DWYNWEN yn tynnu ei chôt.*)

DWYNWEN: Ia. 'Nes i ddim meddwl ar y pryd. Fedrwn i ofyn i bwy bynnag sy'n chwara'r organ ddewis tôn arall, medrwn? (*Yn ymosodol.*) Pam ti'n mynnu tynnu'n groes, Meilir? Difaru f'enaid mod i wedi gofyn iti ddwad i fyny. O'n i'n ama ma' fel hyn basa hi? Y cwbwl 'dw i isio 'neud ydi rhoid coffâd teilwng iddo fo ac wedyn...
MEILIR: Ia? A be wedyn, mam?

(*Mae BARRY yn dod i mewn yn flin gyda'r rheolydd radio yn ei law.*)

BARRY: Dydi'r diawl peth ddim yn gweithio.
DWYNWEN: Be ddim yn gweithio?
BARRY: Hwn, te? (*Mae'n agor y teclyn.*) Does na ddim blydi batris yn'o fo. (*Wrth MEILIR.*) Sbia, yli...
MEILIR: (*Yn ddiamynedd.*) Dallt dim.
BARRY: (*Try at MEILIR*) Ti'n wyddonydd? Be 'dw i fod i 'neud? Presant ydi hwn i fod. (*Wrth DWYNWEN.*) Oes 'na fatris yn y blydi lle 'ma?
DWYNWEN: Duw a ŵyr.
BARRY: Pam ti 'di tynnu'r gôt 'na?
DWYNWEN: Ro'n i'n mynd i' hongian hi.

BARRY: (*Wrth MEILIR.*) Lecio hi?

(*Mae'r ffôn yn canu. Mae DWYNWEN yn codi'r ffôn.*)

DWYNWEN: (*Ar y ffôn.*) Helo… O, Iwan, chdi sy' 'na …

BARRY: (*Wrth MEILIR.*) 'Nest ti mo f'atab i.

MEILIR: Be ddaru chi ofyn imi?

DWYNWEN: (*Ar y ffôn.*) Pleidleisio? Na, dydan ni ddim wedi ca'l cyfla…

BARRY: (*Wrth MEILIR.*) Wyt ti'n lecio'r gôt?

(*Mae MEILIR yn edrych ar y gôt.*)

MEILIR: Anghyffredin.

DWYNWEN: (*Ar y ffôn.*) Ma'r cyfarfod coffa 'ma gynnon ni heno, tydi?

BARRY: Du.

MEILIR: Ia, du…

DWYNWEN: (*Ar y ffôn.*) Nes ymlaen e'lla, ia? … Hwyl, Iwan.

(*Mae BARRY yn gweld y daflen yn llaw MEILIR.*)

BARRY: Mi fydd yn gyfarfod champion… *Degannwy*. Tôn bach hyfryd, 'chan. Fydda Mair wrth 'i bodd hefo *Degannwy*. Rhwbath glân, syml yn'i hi, toes? Y? … (*Yn canu.*) 'Disgwyliaf o'r mynyddoedd draw/Lle daw im help wyllysgar.' (*Mae MEILIR yn cael ei gordeddu.*)

MEILIR: Well imi nôl petrol. Mi fydd rhaid imi gychwyn ben bora.

BARRY: Be ydi'r brys?

MEILIR: Gwaith.

BARRY: Y busnas geneteg 'ma?

MEILIR: Ia. Y busnes geneteg 'ma.

BARRY: Ydi o'n wir, 'lly?

MEILIR: Be'n wir?

BARRY: Y byddwch chi a'ch tebyg,'mhen rhyw 'chydig flynyddo'dd yn medru, be ddiawl ydi'r gair, tra-arglwyddiaethu ar yr hen fyd 'ma? Rhoid trefn ar y dam lle unwaith ac am byth.

MEILIR: 'Dw i ddim yn meddwl.

BARRY: Papura 'ma'n deud c'lwydda felly?

MEILIR: 'Naethon nhw rwbath arall, 'rioed? (*Mae MEILIR yn troi at y patio yn barod i fynd allan. Ymddengys RHYS. Mae mewn dillad cyffredin. Nid yw'n gwisgo coler gron offeiriad. Mae MEILIR yn ei weld.*)

MEILIR: Rhys.

RHYS: Meilir.

DWYNWEN: (*Yn frwdfrydig.*) Ty'd i mewn. Ty'd i mewn. Lle gebyst ti 'di bod? (*Mae RHYS yn mynd i mewn gan adael MEILIR ar y patio. Mae DWYNWEN yn rhuthro ato a'i gofleidio'n dynn. Mae'r golau'n diffodd a chlywir 'Ffrwd Ceinwen' yn cael ei chwarae gan driawd.*)

DIWEDD YR OLYGFA GYNTAF

YR AIL OLYGFA

Mae BARRY ar y patio yn gweiddi ar DEI sydd wrth y llyn. Mae DWYNWEN yn y parlwr yn rhoi trefn ar y taflenni.

BARRY: (*Yn gweiddi.*) Gest ti o i weithio? (*Dim ymateb.*) Ydi hwn yn fyddar ne' rwbath? (*Yn gweiddi eto.*) Ydi o'n gweithio? Atab fi!

DEI: (*O'r pellter.*) Y?

BARRY: Be o'dd matar arno fo?

DEI: (*O'r pellter.*) Be?

BARRY: Be o'dd o'i le arno fo?

DEI: (*O'r pellter.*) Chi roth y batris i mewn ffor' rong!

BARRY: (*Wrth fynd allan.*) Be ti'n feddwl batris i mewn ffor' rong?! Chdi sy di bod yn potsian eto, te! …

(*Mae BARRY yn mynd allan. Ymddengys RHYS, mewn gŵn wisgo a'i wallt yn wlyb ar ôl cawod.*)

DWYNWEN: Gest ti hyd i'r tywelion?

RHYS: Do.

DWYNWEN: Ges i 'neud dau gant o'r rhain. I be? Wn i'm. Rhyw ddyrna'd fydd yna, ma' siŵr… Ma'n ddrwg gin i Rhys. Ti 'di ca'l pryd o fwyd iawn heddiw?

RHYS: Do. Mi stopis i ym Mhorthmadog.

DWYNWEN: Ti'n siŵr rŵan?

RHYS: Ydw.

DWYNWEN: Atgoffa fi i fynd â rhein hefo fi ne' mi fydd hi'n flêr yna... Dim ots gin ti ddeud gair heno, gobeithio?

RHYS: Ddim o gwbwl. (*Mae RHYS yn gweld y cyfrifiadur.*) O. 'Dach chi wedi meistroli dirgeledda petha fel hyn?

DWYNWEN: Meilir pia fo. (*Mae RHYS ar fin taro'r botymau.*) Paid! 'Dan ni 'di ca'l gorchymyn i gadw'n bacha oddi arno fo.

RHYS: Rhag ofn inni golli'r dirgeledda, ia?

DWYNWEN: A sut ma'r plwy? Ffynnu?

RHYS: Dim lle i gwyno.

DWYNWEN: Y praidd yn dal yn driw i'r bugail?

RHYS: Ydyn, hyd yn hyn.

DWYNWEN: Be ydi'r gyfrinach?

RHYS: Anodd deud. Rhwbath mor syml â theyrngarwch a grym arferiad, e'lla.

DWYNWEN: Yn hytrach nag argyhoeddiad?

RHYS: Digon posib.

DWYNWEN: Argyhoeddiad yn beth brau, sti? Ma' gofyn i rywun ne' rwbath roid ail-wynt iddo fo bob hyn-a-hyn. Fawr o neb awydd gneud hynny ochra yma. Ddim ar hyn o bryd beth bynnag... Bodlon dy fyd felly?

RHYS: Ydw. Mwya cywilydd imi.

DWYNWEN: Pam ddylat ti gywilyddio?

RHYS: Rhywun fath â fi ddim i fod yn fodlon 'i fyd ma siŵr, nac 'di?

DWYNWEN: Pam?

RHYS: (*Yn oeraidd.*) Braint rhywun fath â fi ydi cario croes, meddan nhw…

DWYNWEN: Wel ia.

RHYS: A chitha?

DWYNWEN: Be?

RHYS: Bodlon ych byd?

DWYNWEN: Ti ddim yn 'y ngweld i wedi rhoid dipyn o bwysa?

RHYS: Nid cyfeirio at y cnawd o'n i.

DWYNWEN: A bod yn onast, 'dw i ddim 'di teimlo mor fodlon 'y myd ers tro byd.

RHYS: Ma'n dda gin i glywad.

DWYNWEN: Ma'n siŵr dy fod ti'n chwerthin nes bo chdi'n sâl?

RHYS: Chwerthin?

DWYNWEN: Wrth ddarllan y llythyra gwirion 'na fydda i'n anfon atat ti.

RHYS: Pam dylwn i chwerthin?

DWYNWEN: Bodlonrwydd yn un o'r petha mwya anodd i' gyfleu ar bapur.

RHYS: 'Dach chi'n ca'l eitha hwyl arni, rhaid imi ddeud.

DWYNWEN: Gest ti dy frifo?

RHYS: Be dach chi'n feddwl, 'y mrifo?

DWYNWEN: Pan ddarllenist ti'r llythyr dwytha 'na?

RHYS: Naddo.

DWYNWEN: Wir?

RHYS: Ro'ddach chi wedi sôn am werthu'r lle 'ma yr ha' dwytha. Gwrandwch, does yna neb yn disgwl ichi fedru cynnal a chadw lle fel hyn ych hun. Hynny'n amhosib.

DWYNWEN: Nid cyfeirio at hynny ydw i.

RHYS: O…'dw i'n gweld… at… (*Mae'n gwneud ystum i gyfeiriad y llyn.*)

DWYNWEN: Ia… Ma' siŵr bod clywad am y peth wedi bod yn dipyn o sioc iti.

RHYS: Ddim felly.

DWYNWEN: Un ne' ddau yn y lle 'ma'n flin ar y naw hefo fi, dallta.

RHYS: Pwy?

DWYNWEN: Hogia Bryn Clegyr, Meirion a John. Mi fydda dy dad yn dipyn o lawia hefo nhw, bydda? Ddoth Meirion yma ryw fora dydd Sadwrn a deud yn blwmp ac yn blaen wrtha i ma' ffŵl o'dd Barry. Ddeudis i wrtho fo am fendiad 'i fusnas. Dydi o ddim wedi bod ar gyfyl y lle 'ma wedyn, na John 'i frawd o chwaith. E'lla 'i fod o'n ffŵl ond mae o'n gythra'l o ffŵl difyr i fod yn 'i gwmni o. Mae o'n un o'r 'chydig bobol 'dw i di 'i gyfarfod 'rioed sy'n medru 'ngneud i chwerthin… Pan wyt ti dy hun mewn rhyw le fel hyn ma' peth mor syml â chwerthin llond dy fol yn beth mawr, sti? … Mae o, sti?

RHYS: Fedra i ddallt hynny.

DWYNWEN: Fedri di?

RHYS: Medra, mam, mi fedra'i.

DWYNWEN: Rhwbath ffeind ar y naw yn'o fo. Meddwl y byd o Tudur. A bod yn onast, mae o'n 'i ddifetha fo'n lân. Fy nifetha inna hefyd ma' siŵr. Ond mae o'n goblyn o beth braf ca'l dy ddifetha weithia' yn yr hen fyd 'ma. Rhwbath cwbwl ddiarth i mi…

RHYS: Be?

DWYNWEN: Bod yn ffrindia hefo rhywun hefo diddordeba cwbwl wahanol i ti dy hun. Dydi o ddim yn agor llyfr o un pen i'r flwyddyn i'r llall. Does gynno fo ddim diddordab mewn unrhyw beth, be 'di'r gair d'wad… cain? Ma'i dŷ o'n llawn o'r darlunia mwya di-chwaeth welist ti 'rioed … ac eto…

RHYS: Gneud i rywun feddwl ydi petha felly'n bwysig yn y pen draw.

DWYNWEN: Ydi, tydi?

RHYS: Ac ar ôl gwerthu'r lle 'ma, ble ewch chi?

DWYNWEN: O'n i'n disgwl iti ofyn hynna imi ers meitin… Cyn y Pasg mi a'th Barry a finna am ryw 'chydig ddyddia i'r Cotswolds. Aros yn Broadway. Ti'n gyfarwydd â'r lle?

RHYS: Mi ddylwn i fod. Mi fydda' nhad yn mynnu ein bod ni'n mynd yno bob tro bydden ni i lawr yn Stratford.

DWYNWEN: Bydda, mi fydda, bydda? O'n i wedi anghofio'n lân… Trip busnas o'dd o i Barry mewn gwirionedd. Ro'dd Steve Fazey…

RHYS: Pwy ydi hwnnw?

DWYNWEN: 'I bartnar o yn y busnas carafana stalwm.

RHYS: O. (*Mae RHYS fel petai'n ei fyd bach ei hun.*)

DWYNWEN: Ma' Steve erbyn hyn yn byw ar gyrion Shipston. Cwmni adeiladu gynno fo. 'Di'i gneud hi'n iawn. Wel, mi ro'dd o ar un adag beth bynnag. Ond llynadd, mi a'th i dipyn o strach ariannol wrth godi'r stad o dai 'ma yn Burford… Ta waeth, ro'dd o isio help Barry. Rhyw noson mi a'th y tri ohonan ni am ginio… Wyt ti'n gwrando?

RHYS: Ydw. (*Mae RHYS yn dechrau byseddu'r cyfrifiadur.*)

DWYNWEN: Mi a'th y tri ohonan ni am ginio. Mi gawson ni dipyn i' yfad. Ac fel arfar, pan fydda i 'di ca'l dau ne' dri gwydra'd o win, mi fydda' i'n dechra… paid â potsian hefo hwnna 'nei di… Be o'n i'n ddeud?

RHYS: Ro'ddach chi wedi ca'l dau ne' dri gwydra'd o win.

DWYNWEN: A dyma ddechra dwyn i go' 'y pethau a fu' fel ma'n nhw'n deud.

RHYS: Y pethau a fu?

DWYNWEN: Dyddia Rhydychen. Dyddia'r ymchwil.

RHYS: O, 'dw i'n gweld.

DWYNWEN: Fel o'n i'n rwdlian, dyma Barry yn rhoi winc ar Steve a gofyn, 'Be sy'n dy nadu di rhag mynd yn ôl yna?' 'Drychis i arno fo'n gegrwth a dechra glana chwerthin… Bora wedyn, dyma Barry yn mynnu mod i'n mynd hefo fo i weld y stad 'ma o'dd Steve yn 'i chodi. Ges i'n siomi ar yr ochor ora. Ro'ddan nhw'n glamp o dai. Chwaethus hefyd. Yng ngwaelod y stad ro'dd 'na un tŷ arbennig ar 'i hannar. 'Lecio fo?' 'Hyfryd', medda fi. 'Fi fydd pia hwn', medda fo. Ro'dd y ddau wedi taro rhyw fargian…'Dw i ddim yn meddwl dy fod ti 'di gwrando ar ddim 'dw i'n ddeud.

RHYS: Ydw, tad.

DWYNWEN: Pam wyt ti mor anesmwyth? Be sy?

RHYS: Dim byd.

DWYNWEN: Gymi di ryw ddiferyn o rwbath?

RHYS: Ia, pam lai.

DWYNWEN: Gwin?

RHYS: Iawn.

DWYNWEN: Gwyn? Coch?

RHYS: Coch. (*Mae DWYNWEN yn tywallt dau wydraid o win. Mae'n rhoi un i RHYS.*) Diolch.

DWYNWEN: Dyma un peth 'dw i'n edifar yn 'i gylch o.

RHYS: Be?

DWYNWEN: Na 'nes i ddim gorffan fy ymchwil.

RHYS: 'Nes inna ddim chwaith.

DWYNWEN: 'Nes i gyfarfod dy dad, do?

RHYS: Y petha ma'n digwydd.

DWYNWEN: Mil naw chwe saith. Y flwyddyn fuo nhad farw. Ro'dd mam a finna newydd symud i Gaernarfon. Tri mis gawson ni gin y diaconiaid i ada'l y tŷ. Mam druan yn meddwl eu bod nhw'n hael ar y naw. Wythnos cyn yr eisteddfod dyma Eirwen, ffrind imi o ochra Aberaeron, yn ffonio. Ro'dd hi yng Ngholeg Iesu hefo fi. Mynnu mod i'n mynd hefo hi i 'Steddfod y Bala. Ro'dd hi wedi ca'l gafa'l ar ryw dŷ teras yn Llandderfel. Rhyw ogla rhyfedd yn'o fo. Yn fy ffroena fi hyd heddiw. Glywson ni wedyn fod rhyw hen wreigan newydd farw yn un o'r llofftydd. Ro'dd Eirwen isio gweld rhyw ddrama newydd gin Saunders Lewis. Fedra i'n 'y myw gofio'i henw hi... *Cymru Fydd*, ia? Ta waeth, mi fynnodd Eirwen fynd am ryw ddiferyn bach i'r gwesty 'na ar y stryd fawr.

MEILIR: Y White Lion.

DWYNWEN: Munud dechreuodd y lager lifo do'dd 'na ddim symud arni. Erbyn hyn ro'dd hi tua wyth. 'Reit', medda fi, ' 'dw i 'di prynu tocyn a 'dw i'n benderfynol o weld y ddrama 'ma.' O ganol mwg sigaréts dyma fi'n clywed llais. ' 'Waeth iti heb mechan i. Ma'r llwyfan wedi mynd ar dân.'

RHYS: Nhad.

DWYNWEN: Ia, dy dad... Ac mi a'th yr ymchwil yn angof. Mi ga'th y llawysgrif lonydd i hel llwch yn Llyfrgell y Bodley. Mi fydd yn ddiddorol gweld pwy fuo'n styrbio'r llwch yn ystod y deng mlynedd ar hugain dwytha 'ma.

RHYS: 'Dach chi rioed am…

DWYNWEN: Ailafa'l yn yr ymchwil? Twt lol nac 'dw. Ond mi fydd hi'n braf mynd yn ôl. Pwy ŵyr, e'lla dechreua' i ar rwbath newydd cwbwl ddiarth imi. Mi fasa hynny'n braf… Mwy o win? (*RHYS yn ysgwyd ei ben. Dwynwen yn ail-lenwi ei gwydr.*)

RHYS: 'Dach chi am briodi?

DWYNWEN: Yn yn hoed ni? I be d'wad? 'Dan ni ddim isio cymhlethu petha i bawb. Fel offeiriad, mi ddylat ti fod yn rhoid coblyn o ffrae imi.

RHYS: Dylwn ma' siŵr.

(*Ymddengys DONA.*)

DONA: Ma'r bathrwm yn wag.

DWYNWEN: O'r diwadd. Gyda llaw, mi ffoniodd Mrs Ashfield gynna'. Ma' hi'n ama bod Tudur yn hel annwyd ne' rwbath. Mi fasa hi'n hapusach, medda hi, tasa fo'n cysgu gartra heno. Fedri di nôl o ar ôl y cyfarfod? (*Mae DONA yn pigo'r gitâr i fyny.*)

DONA: Fydd rhaid imi ma' siŵr, bydd?

DWYNWEN: 'Dw i isio inni i gyd fod yn y capal 'na am chwartar i saith. Pan ddaw Meilir yn ôl deudwch wrtho fo, reit? Ma' hwnna'n cymryd hydo'dd i 'neud 'i hun yn barod. (*Wrth DONA.*) Cofia ddeud wrtho fo, rŵan.

DONA: (*Yn flin.*) Iawn.

DWYNWEN: Ti am wisgo'r ffrog 'na, twyt?

DONA: Fawr o ddewis, nac oes?

(*Exit DWYNWEN heb ddweud dim. Mae DONA yn pigo ambell nodyn o 'Ffrwd Ceinwen' ar y gitâr.*)

RHYS: (*Yn rhoi'r gwydraid gwin yn ôl ar y dodrefnyn.*) Gwin gwael… Rhyw sothach rhad o Ffrainc ma'n siŵr. (*Mae'n edrych ar y botel.*)… Ia, o'n i'n ama…Gwell gwinoedd yn ca'l 'u gneud yn y byd newydd dyddia yma. Chile…Yr Ariannin…Hoff iawn o winoedd yr Ariannin… Llawn… Corffol… Mwyn… Ga' i weld Tudur felly? … Mi ddo'i hefo chdi i nôl o, os wyt ti isio. Pan o'n i yma 'r ha' dwytha, mi soniodd mam rwbath am fedydd... Mi ddyla ti 'i fedyddio fo, sti? … Be ydi'r gân 'na? Rhwbath newydd? … Hyfryd… Syml… Mi fedyddia' i o… (*Mae'n mynd ati.*)

'Nest ti'r peth iawn… Ro'dd yr hyn ro'ddat ti am 'neud yn ddim llai na… (*Mae'n rhoi'r gorau i ganu'r gitâr.*)

DONA: Pechod. Dyma o'dd dy air mawr di.

RHYS: Ia, te?… Difaru fasat ti… Mi wn i nad ydi petha'n fêl i gyd arnat ti'r dyddia yma ond mi wellith petha ymhen rhyw 'chydig o flynyddoedd… Mi 'neith petha sadio… Syrthio i' lle… Plant yn mynnu dilyn 'u trywydd 'u hunan…'Dan ni wedi gneud, do? … Pobol yn mynnu 'u rhyddid… Falch iawn fod mam am 'neud. 'Neith fyd o les iddi.

DONA: Do'dd gin ti ddim hawl i fusnesu fel 'nest ti.

RHYS: Mi ofynnist ti am fy marn i. Mi rois i 'marn.

DONA: Barn offeiriad.

RHYS: Barn offeiriad 'r o'ddat ti isio, nid barn brawd.

(*Saib. Mae DONA yn anesmwytho.*)

DONA: Do's gen i ddim byd i' ddeud wrtho fo.

RHYS: Paid â deud petha mawr.

DONA: 'S gin i ddim…'Dw i wedi trio. Duw a ŵyr, 'dw i wedi trio… Pan fydda i'n 'i ada'l o hefo'r ddynas 'na mi fydda i jest yn 'i daro fo drwy'r drws, troi ar fy sowdl. Pan fydd o'n crio, fydda i byth yn gweiddi arno fo… Dim ond edrach ym myw 'i lygaid o… heb deimlo dim. Dim, Rhys. Tasa ti heb landio acw'r diwrnod hwnnw mi faswn i wedi bwrw 'mlaen hefo'r erthyliad. Ro'dd popeth wedi'i drefnu… Ond mi landist ti… Hyd heddiw, 'dw i'n cofio'r holl fanylion… Ro'ddat ti mewn rhyw gynhadledd ddiwinyddol ym Mangor. Ro'dd 'na ddarlith i fod am ddau. 'Dw i'n cofio enw'r darlithydd hyd yn oed. Dr Morgan o Gaer-grawnt… Ond mi ga'th 'i drên o 'i gohirio yng Nghriw.

Ro'dd gin ti bnawn cyfa i gicio dy sodla… ac mi landist ti yma… Mi a'th y ddau ohonan ni am dro yn y car i Benmon. Cerddad at y ffynnon 'na. Be o'ddat ti isio? Awyrgylch addas i dy foesoli? … Fedrat ti ddim fod wedi rhoid dy bregath imi dros wydra'd o win rhad ym Miwmaras?

RHYS: (*Anesmwytho.*) Paid â siarad yn wirion 'nei di.

DONA: Ma'n siŵr bo chdi'n teimlo rêl boi wrth gerddad yn ôl i'r car 'na. Hael ar y diawl hefyd. Mi brynist ti hufen ia imi yn y garej 'na yn Borth.

RHYS: Dona, plîs…

DONA: Tasa'r trên 'na heb ga'l 'i gohirio yng Nghriw mi fasa mywyd i'n gwbwl wahanol, basa?

RHYS: Mi a'i nôl Tudur heno os leci di. Lle ma'r ddynas ma'n byw?

DONA: Tŷ Calch.

(*Exit DONA yn flin. Ymddengys MEILIR wrth y patio. Mae'n edrych allan ar y llyn. Clywir o hirbell lais BARRY yn gweiddi.*)

'Tro hi i'r chwith! … I'r chwith medda fi! … Ac eto! Ac eto! Mynci Mul! Pwysa fo! Pwysa fo!'

(*Daw MEILIR i mewn.*)

MEILIR: Pwy ddeudodd fod offeiriad yn dlawd?

RHYS: Ma'n ddrwg gin i.

MEILIR: Y B.M.W.

RHYS: Rhyw funud wan. Bargian a deud y gwir. Hogyn o'r plwy' 'cw'n ca'l swydd yn Coweit. Isio ca'l gwarad â fo ar frys cyn gada'l.

MEILIR: Tipyn o draed yn hwnna.

RHYS: Ma 'na. Ges i dros gant ac ugain ohono fo diwrnod o'r blaen, mwya cywilydd imi.

MEILIR: Fyddat ti ddim yn un am roid dy droed i lawr.

RHYS: Ddim tan ges i hwn.

MEILIR: Lle ro'ddat ti'n mynd ar gymaint o ras?

RHYS: Llundain.

MEILIR: Yno'n amal?

RHYS: Pan ga'i gyfla.

MEILIR: Pwyllgora?

RHYS: Naci, ffrindia.

MEILIR: Rheini welis i hefo chdi yn Llundain?

RHYS: Ia.

MEILIR: Bechod.

RHYS: Be?

MEILIR: Na chawson ni sgwrs iawn y diwrnod hwnnw.

RHYS: Wel ia.

MEILIR: Byth dyddia yma'n ca'l cyfla i roid y byd yn 'i le.

RHYS: Nac 'dan …

MEILIR: Be ti am 'i ddeud heno?

RHYS: Heno?

MEILIR: Yn yr wylnos wallgo 'ma?

RHYS: Dydw i ddim yn siŵr. E'lla dylwn i roid rhwbath ar bapur... rhag ofn imi ddechra mwydro. Dyna dy air mawr di pan fyddan ni'n dau'n dadla stalwm?

MEILIR: Fyddwn i'n dy gyhuddo di o hynny, fyddwn i?

RHYS: Bob cyfla gaet ti... E'lla ma' chdi o'dd yn iawn.

MEILIR: Pam ti'n deud hynny?

RHYS: Ma' mam isio inni i gyd fod yn y capal am chwartar i saith. Well iti fynd i hwylio.

MEILIR: (*Yn gryf.*) Mocha!

RHYS: Be sy?

MEILIR: Dydi peth fel hyn yn ddim ond mocha ddiawl!

RHYS: Dydi o ddim o'n busnas ni, Meilir.

MEILIR: Ydi, mae o, Rhys.

RHYS: Dos i hwylio, 'nei di?

MEILIR: Ma' 'na'r fath beth yn bod â theyrngarwch.

RHYS: I bwy? I be d'wad?

MEILIR: Beth sy 'di digwydd i ti? (*Mae BARRY yn ymddangos yn hynod flin.*)

BARRY: Blydi ffŵl! Gwrando diawl o ddim ar rywun. Ddeudis i wrtho fo am droi i'r chwith. 'Na'th y mynci mul ddim, naddo? A lle ma'r cwch 'na? Yn sownd mewn rhyw blydi brwyn. Mynci mul... a'i dad a'i daid o o'i flaen o. Y garej ddiawl 'na o'dd gynnyn nhw. Siop siafins. Cofio mynd â rhyw Fyrc o'dd gin i at hen ddyn 'i dad o. Un o'r Myrcs cynta brynis i 'rioed. Y cwbwl o'dd isio 'i 'neud o'dd llnau'r carb. 'Job dau ddiwrnod', medda fo. Ac mi es i yno 'mhen dau ddiwrnod. Dyna lle ro'dd o yn sefyll wrth yr hen fainc honno. Yr hen gap â phig ffia'dd hwnnw ar 'i goryn o a'r chwys yn diferu oddi ar 'i dalcan o… Y carbiwretor yn ddarna mân ar y fainc o'i flaen o.... Dim blydi clem be i' 'neud hefo fo… Mynci mul… a ma' hwn yn llathan o'r un brethyn. *(Wrth RHYS.)* A sut wyt ti, ta?

RHYS: Iawn.

BARRY: Dal tua sir Drefaldwyn 'na?

RHYS: Ydw.

BARRY: Yr eglwys 'na'n llawn?

RHYS: Ddim yn ddrwg.

BARRY: Faint bob Sul?

RHYS: Rhyw ddeugain.

BARRY: Well na fan'ma. (*Mae'n troi at MEILIR.*) 'R ochra yna'n ochra difyr, sti?

MEILIR: Ydyn, meddan nhw.

BARRY: Canu rhwbath yna, tydyn? Wy'st ti, dynion yn dwad at 'i gilydd 'lly…

MEILIR: Y blygain.

BARRY: Ia, 'na fo… y blygain. Mi fydda'n digwydd yn fan'ma ers talwm, sti?… Mi fydda'n nhad, Huw, Tŷ Calch, Tref bach, Cae Heli a Joni, Sgubor Wen yn dwad at 'i gilydd cyn Dolig i ymarfar. Yr un un fyddan nhw'n 'i chanu bob blwyddyn. Be ddiawl o'dd hi, d'wch? Rhwbath am ryw Bosra… Ta waeth, yr ordor fydda hel criw o hogia'r pentra 'ma a mynd hefo lyri Harri Cefn Ceinwen rownd y lle 'ma i ganu carola… Ordor ar y diawl, meddan nhw. Petha mawr yn digwydd. Petha mawr ar y diawl hefyd, yn enwedig pan fydda'r hen ferchaid Hendra 'na'n neidio ar y lyri… Mi fyddan nhw'n cychwyn tua'r saith 'ma a'i landio hi yn y Crown tua hannar awr 'di naw… Y job lot yn chwil gaib… hyd yn oed Harri y dreifar… yr hen lyri 'na'n 'i gneud hi'n ôl ar yr hen lôn waelod 'na o ochor i ochor fath â piso mochyn… (*Wrth RHYS.)* 'Sgynnoch chi ddim petha fel 'a 'r ochra acw?

RHYS: Oes, yn rhan ucha'r sir.

BARRY: Wel, dechra arni acw, te? Y?

RHYS: Wel ia.

BARRY: Ordor… ordor ar y diawl… (*Wrth MEILIR.)* 'Dw i ddim yn ama bod dy dad wedi bod hefo nhw unwaith… Joio'i hun yn ddiawledig, medda nhad… Cofio rŵan… Ro'ddan nhw ar fin cychwyn o'r Crown, ond do'dd 'na ddim golwg ohono fo. Chwilio ym mhob man amdano fo. Dyma nhad a Joni'n penderfynu mynd i chwilio amdano fo ar y traeth… Mi aethon nhw o un pen i'r abar 'na i'r llall. Dim golwg ohono fo… Yn sydyn, dyma rhyw waedd o rwla… a'r peth nesa welson nhw o'dd cwch Huw Poncia yn troi ar 'i hochor gan fwrw dy dad yn glewt ar y tywod… Dyma nhw ato fo. 'Dach chi'n iawn?' medda Joni. Ti'n gwbod be ddeudodd o? 'Champion', medda fo, ''dw i 'di cyfansoddi tair opera heno hogia.' … Soniodd o rioed am y peth wrthat ti?

MEILIR: Naddo.

BARRY: Nac wrthat titha?

RHYS: 'Rioed.

BARRY: (*Wrth RHYS.*) Bosra.

RHYS: Bosra?

BARRY: Sut o'dd hi'n mynd?

RHYS: Dim syniad.

BARRY: Y?

RHYS: Dim syniad.

BARRY: A chditha'n berson?

(*Mae MEILIR yn cychwyn canu.*)

MEILIR: 'Y cadarn ddaeth o Bosra
Y deddfwr gynt ar Seina
(*Mae BARRY yn ymuno ag ef.*)
Yr Iawn gaed ar Galfaria
Yn Faban Bach
Yn Faban Bach
Yn sugno bron Maria'n Faban Bach.'

BARRY: Ia. Honna o'dd hi. Honna o'dd hi. A nhad fydda'n canu'r bâs. Mi fydda'n mynd lawr ac i lawr ac i lawr fel tasa fo'n canu o rwla'n uffarn. Pan o'n i'n blentyn, dyma be o'n i'n feddwl o'dd uffarn… Rhyw bwll diawl yn y gwaelodion 'na lle ro'dd pawb hefo llais bâs fath â nhad… Mi fydda rhyw groen gŵydd yn dwad drosta i pan fyddwn i'n clywad y bâs 'na … Rhyw arswyd mwya uffernol…

(*Ymddengys DEI ar y patio.*)

DEI: Fedra i yn 'y myw ga'l gafa'l arni!

BARRY: Torra ryw gangan o rwla.

DEI: O le?

BARRY: Dos i'r coed 'na tu ôl i'r sgubor… Ddo'i hefo chdi…'Dach chi'n gweld… Rêl 'i dad… Da i uffar o ddim… (*Wrth RHYS.*) Gywilydd iti, yli.

RHYS: Be?

BARRY: Am beidio gwbod y garol 'na.

(*Exit BARRY a DEI. Gwaeddant wrth fynd.*)

BARRY: 'S gin ti li' ar y J.C.B?

DEI: Oes yn rhwla!

BARRY: Be ti'n feddwl wrth 'rwla'? Blydi ffendio un, te?

(*Mae MEILIR yn mynd at y piano a dechrau chwarae 'Ffrwd Ceinwen'. Mae'n dechrau gyda nodau isel iawn.*)

RHYS: Be 'di honna?

MEILIR: *Ffrwd Ceinwen*.

RHYS: Hyfryd.

MEILIR: Y peth ola ddaru o'i gyfansoddi.

(*Mae MEILIR yn chwarae ychydig fariau.*)

RHYS: Dona.

MEILIR: Be amdani?

RHYS: Y band 'ma ma' hi yn'o fo.

MEILIR: Ia?

RHYS: Da i rwbath?

MEILIR: Am wn i.

RHYS: Y bychan?

MEILIR: Tudur?

RHYS: Ydi o'n debyg i Arthur?

MEILIR: Ma' siŵr. (*Yn chwarae'r piano fel petai heb glywed.*)

RHYS: O'ddat ti'n nabod Arthur?

MEILIR: Dim felly.

RHYS: O's 'na garej B.M.W. o gwmpas lle ma'n rhwla?

MEILIR: Duw a ŵyr. Pam?

RHYS: Dydi o ddim yn tynnu'n iawn. Baw yn y petrol, e'lla.

(*Ymddengys DWYNWEN yn gwisgo'i chôt newydd.*)

DWYNWEN: (*Wrth MEILIR.*) Yn enw'r nefoedd Meilir, gwna dy hun yn barod 'nei di? (*Wrth RHYS.*) 'Nest ti ddim deud wrtho fo mod i isio pawb yn y capel 'na am chwarter i saith?

RHYS: Do.

DWYNWEN: Plîs, Meilir…

MEILIR: Peidiwch â hewian ar rywun, 'newch chi!

DWYNWEN: Yng nghar pwy awn ni?

RHYS: Waeth ichi i gyd ddwad hefo fi.

DWYNWEN: Fydd 'na le i bawb?

MEILIR: Ma' gin yr offeiriad BMW… hefo baw yn y petrol.

DWYNWEN: Mm?

RHYS: Rho'r gora iddi, 'nei di!

DWYNWEN: Pam na fasat ti wedi deud wrtha i gynna?… (*Wrth MEILIR.*) Meilir plîs, er fy mwyn i.

MEILIR: (*Yn flin.*) Iawn! Iawn!

(*Exit MEILIR yn flin.*)

DWYNWEN: Wyt ti'n barod?

RHYS: Ydw.

DWYNWEN: Dwyt ti ddim am wisgo dy golar gron?

RHYS: Ma' hi gin i yn y car.

DWYNWEN: Pasia'r taflenni 'na imi. (*Mae RHYS yn estyn y taflenni i DWYNWEN. Ymddengys DONA yn ei ffrog.*)

DWYNWEN: Ddeudis i, do? Digon o ryfeddod, tydi Rhys?

RHYS: Be?

DWYNWEN: Y ffrog.

RHYS: Ydi.

DONA: Ma' hi'n uffernol.

DWYNWEN: Dona!

(*Mae'r ffôn yn canu. Mae DWYNWEN, yn ddiamynedd, yn ei ateb.*)

Y lol fotio 'ma eto ma' siŵr… Gwrandwch, 'dw i 'di deud wrthach chi unwaith… O, Tim, it's you… (*Wrth RHYS.*) Rheolwr Barry… Yes, he's here… (*Wrth RHYS.*) Rho floedd ar

Barry, 'nei di! (*Mae RHYS yn mynd i'r patio a gweiddi: 'Barry!…Barry! …Ffôn!'*)

DWYNWEN: There's no problem is there?…They want to see him now? … For God's sake Tim, we're on our way to the chapel … Seven o'clock… Tell them to be reasonable… Tell them to wait…

(*Ymddengys BARRY.*)

BARRY: Pwy ddiawl sy 'na rŵan?

DWYNWEN: Tim.

BARRY: Be ma' hwnnw isio 'mwyn tad? (*Mae BARRY yn cymryd y ffôn.*) Yes? What's the matter? … What? … When was this? … What the hell did they want? … But I've got this meeting tonight… Tell them I'll be there. (*Mae'n rhoi'r ffôn i lawr yn flin.*)

DWYNWEN: Be sy?

BARRY: Gwranda. Mi fydda i'n hwyr yn cyrra'dd… Rhyw helynt ar y seit. Plismyn isio gair hefo fi. Dim byd mawr, wir rŵan.

DWYNWEN: Ond ma'r cyfarfod yn cychwyn am saith.

BARRY: 'Dw i'n gwbod hynny.

DWYNWEN: Chwara teg, Barry.

BARRY: 'S gin i mo'r help, nac oes!

DWYNWEN: Iawn… iawn.

BARRY: Sori. (*Rhydd gusan sydyn i DWYNWEN.*)

	Dim blydi llonydd i ga'l yn y byd 'ma, 'chi!
DONA:	Lecio hi, Barry?
BARRY:	Y?
DWYNWEN:	Y ffrog.
BARRY:	Del, del ar y diawl.
	(*Ymddengys DEI wrth ddrws y patio gyda changen hir. Mae'n tynnu ei esgidiau cyn dod i mewn.*)
DEIL:	(*Wrth BARRY.*) Ma' hon yn rhy fyr hefyd.
BARRY:	(*Yn flin.*) Chwilia am un arall, ta!
	(*Exit BARRY yn flin.*)
RHYS:	Barod?
DWYNWEN:	Deuda wrth Meilir yn bod ni'n cychwyn, 'nei di?
	(*Exit RHYS. Try at DONA.*)
	A dos ditha i ddisgwl i'r car.
DONA:	'Dw i'n casáu hon.
DWYNWEN:	Paid â bod mor anniolchgar, 'nei di?
DEI:	Del.
DONA:	Cau geg!
	(*Exit DONA.*)
DEI:	Pam o'dd o'n flin?
DWYNWEN:	Rhyw broblem ar y seit.
DEI:	Y traenia 'na eto m'wn. Blydi cors 'di'r lle, te?
DWYNWEN:	Croeso i titha' ddwad i'r cyfarfod.
DEI:	Amhosib 'chan.'Di gaddo mynd hefo Gwyn Pen Cob i bysgota.
DWYNWEN:	O'n i'n meddwl dy fod ti'n lecio miwsig?

DEI: Mi 'dw i… Ond 'dw i wedi gaddo i Gwyn… Mae o'n mynd i ffwr' nos fory. Cheith o ddim cyfla eto.

DWYNWEN: Bechod.

DEI: Ia.

(*Ymddengys RHYS.*)

DWYNWEN: Lle mae o?

RHYS: Mae o am ddwad yn 'i gar 'i hun.

DWYNWEN: Ond…

RHYS: Gadwch lonydd iddo fo.

DWYNWEN: Styfnig fel mul. Newid dim. (*Wrth DEI.*) Taflan ichi… Rhwbath i gofio'r achlysur.

DEI: Diolch o galon, Mrs. Davies.

DWYNWEN: E'lla cawn ni 'i chychwyn hi o'r diwadd.

(*Exit DWYNWEN a RHYS. Mae DEI yn tynnu'i esgidiau ac edrych ar y daflen. Mae'n ei rhoi ar y piano. Mae unwaith eto yn dechrau chwarae rhyw nodyn neu ddau o 'Ffrwd Ceinwen'. Ymddengys MEILIR yn barod i gychwyn. Mae MEILIR yn mynd at ei gyfrifiadur, ei ddiffodd a'i gau. Mae'n eistedd i lawr.*)

DEI: Well ichi 'i chychwyn hi…

MEILIR: Mm?

DEI: Ro'ddach chi'n fab iddo fo… mi fedra i ddallt.

MEILIR: Dallt be?

DEI: Dallt pam nad ydach chi isio mynd… Mi fydd y lle'n llawn o ryw hen grachach… Ych tad yn golygu diawl o ddim iddyn nhw. Fasan nhw ddim yn medru canu nodyn o ddim byd ddaru o gyfansoddi…

(*Mae DEI yn cael cryn drafferth i fwrw ymlaen ar y piano. Mae'n taro'r nodau yn flin a cherdded oddi wrthi.*)

Mi rown i rwbath am fedru…

(*Mae MEILIR yn cerdded at y piano a chwarae agoriad 'Ffrwd Ceinwen' fel petai yn ei fyd bach ei hun. Mae DEI yn cerdded at y patio ac edrych allan fel petai'n cael ei gordeddu. Daw'r act i ben gyda MEILIR yn chwarae 'Ffrwd Ceinwen.' Yn raddol, mae'r golau'n diffodd a chlywir 'Ffrwd Ceinwen' yn cael ei chwarae gan driawd.*)

DIWEDD YR ACT GYNTAF

YR AIL ACT

YR OLYGFA GYNTAF

Ar lan Afon Menai yn hwyr yn y nos. Yn y cefndir clywir mân donnau'r afon yn torri ar draethell. Ar graig mae MEILIR yn eistedd ar ei ben ei hun yn edrych allan ar yr afon. Gwna hyn am sbel cyn tynnu ffôn o'i boced a dechrau pwyso botymau. Mae'n rhoi'r ffôn wrth ei glust ond yn sydyn mae'n diffodd y ffôn a'i roi'n ôl yn ei boced. Mae'n codi carreg oddi ar y traeth a'i byseddu. Yna, mae'n ei chodi fel petai am ei thaflu i'r dŵr. Ymddengys RHYS.

RHYS: Ble ti 'di bod?

MEILIR: Pan o'ddan ni'n blant, mi daris i di ar dy dalcen hefo carrag debyg i hon. Ti'n cofio?

RHYS: 'Naethon ni ddisgwl hannar awr amdanat ti.

MEILIR: Gwaed yn pistyllio i lawr dy focha di. Ma' siŵr bod y graith yna o hyd.

RHYS: Ma' mam yn gandryll iti ga'l dallt.

MEILIR: Ydi hi? (*Mae Rhys yn hynod anesmwyth.*) Y graith. Ydi hi'n dal yna?

RHYS: Rho'r gora i falu awyr 'nei di a ty'd.

MEILIR: 'Na'th neb siarad hefo fi am wythnos.

RHYS: I be o'ddat ti isio cytuno i ddwad os ma' rhwbath gwirion fel hyn o'ddat ti'n mynd i' 'neud?

MEILIR: Lle ma'n nhw i gyd?

RHYS: Nôl yn tŷ.

MEILIR: Ca'l rhyw ddathliad bach, ia? Boddi'r gorffennol… A be ddeudist ti?

RHYS: Be ti'n feddwl be ddeudis i?

MEILIR: Yn dy deyrnged.

RHYS: Fues i mor gryno ag o'dd modd.

MEILIR: Anglicanaidd iawn… A phwy arall ddoth?

RHYS: Un ne' ddau o'r pentra. Cynghorydd ne' ddau.

MEILIR: Neb o'r adran?

RHYS: O'dd. Rhyw ddarlithydd… (*Mae MEILIR yn taflu carreg arall.*) Paid â gneud hynna. (*Saib annifyr.*) Ro'dd Barry yn hwyr yn cyrraedd hefyd… A phan ddaru o gyrra'dd, mi steddodd yn y cefn yn gogrwn drwy'r cyfarfod. Pan ddoth petha i ben, mi a'th i rwla. Duw a ŵyr i ble.

MEILIR: Dydi o ddim hefo nhw felly?

RHYS: E'lla 'i fod o erbyn hyn. Pryd wyt ti'n mynd yn ôl i Gaerdydd?

MEILIR: 'Dw i ddim yn siŵr. Ro'n i wedi bwriadu cychwyn ben bora fory. Pam?

RHYS: Mi leciwn i, cyn iti fynd, tasan ni rywsut… yn…

MEILIR: Yn be?

RHYS: Yn rhyw ddallt yn gilydd yn well.

MEILIR: O… felly.

RHYS: Pam na ddoist ti?

MEILIR: Fedrwn i ddim.

RHYS: Pam?

MEILIR:	'Dw i ddim yn dallt pam… Mam… Ma' hi fel petai hi'n mwynhau'r holl beth. Ma' hi fel tasa hi isio cau rhyw ddrws yn glep ar y gorffennol… 'Drycha ar y lle 'ma … Be ddiawl sy 'na i' ddathlu? Ma'r lle yn codi cyfog arna'i… Fasat ti ddim yn dallt.
RHYS:	E'lla baswn i.
MEILIR:	Paid â bod mor uffernol o drahaus!
RHYS:	Be ti'n feddwl?
MEILIR:	Ymarweddu fel rhyw blydi offeiriad.
RHYS:	Nid dyna 'mwriad i… Anghofia am y peth. Well inni fynd nôl. (*Mae RHYS yn cychwyn mynd.*)
MEILIR:	Paid â mynd.
RHYS:	Mi fyddan nhw'n disgwl amdana'i.
MEILIR:	Aros! … Ma'n ddrwg gen i…
RHYS:	Be sy', Meilir?
MEILIR:	Rhyw deimlad…
RHYS:	Teimlad?
MEILIR:	Gair gwael e'lla, ond dyna be ydi o… Rhyw deimlad fod pob dim 'dw i 'di 'neud ar hyd y blynyddo'dd yn… ddibwys? Naci… Dydi o ddim yn ddibwys… Mae o'n rhyw deimlad melltigedig o… ddiarth.
RHYS:	Dos ymlaen…
MEILIR:	Bora 'ma, yng Nghapel Curig, cyn iti ddwad i'r tro 'na am Ben-y-gwryd, ro'dd 'na ddamwain. Do'dd hi ddim yn ddamwain ddrwg. Rhyw gar yn brecio'n sydyn er mwyn osgoi dafad. Y

fan tu ôl iddo fo wedi mynd iddo fo. Mi es i allan o'r car i weld o'dd pawb yn iawn. Yn eistedd yn y fan ro'dd 'na hogyn ifanc tuag ugain oed...Gwenu fel giât. 'Arna'i o'dd y bai', medda fo, 'yr hen gapal 'na yn fanna'n tynnu fy sylw i.' Mae 'na ryw hen gapal ar y tro wedi'i droi yn dŷ, toes? Fedra fo'n 'i fyw gychwyn injian y fan.'Lle 'dach chi isio mynd?', medda fi. 'Bangor,' medda fo. 'Neidiwch i mewn', medda fi. ''Rhoswch am funud', medda fo. A dyma fo i gefn y fan, agor y drysa, a thynnu tri darlun go fawr allan. Darlunia olew. Dyma fi'n 'u taro nhw'n ofalus yn y bŵt... Wrth fynd i lawr Dyffryn Ogwen dyma ddechra tynnu sgwrs. Hogyn o Benmachno o'dd o. Ar 'i flwyddyn ola yn Aberystwyth yn stydio hanes arlunio. Pan a'th o adra Dolig, do'dd o ddim yn teimlo'n dda... Wyt ti'n gwrando arna'i?

RHYS: Ydw... ydw.

MEILIR: Mi a'th at y doctor. Ca'l profion. Maes o law ca'l gwbod 'i fod o'n diodda o ryw fath o liwcemia. Ar 'i ffordd i ga'l rhyw driniaeth neu'i gilydd o'dd o pan gafodd o'r ddamwain. Es i â fo at y 'sbyty. 'Ga'i weld y darlunia?' medda fi. 'Dach chi wirioneddol isio?' medda fo. 'Oes', medda fi. A dyma ni'n 'u hestyn nhw o'r bŵt... Hunanbortreada o'ddan nhw. Ro'dd dau ohonyn nhw wedi'u peintio cyn iddo fo fynd yn wael ond newydd beintio un arall o'dd o. Rhyw betha digon dieneiniad o'dd y ddau gynta drychis i arnyn nhw, ond ro'dd yr un ro'dd o newydd 'i 'neud yn ysgytwol, yn hunllefus o ysgytwol... Ro'dd o wedi rhoid teitl iddo fo. Wedi'i sgwennu o mewn sialc ar gefn y gynfas... 'Ar gyfrgoll'... Darlun ohono'i hun dan driniaeth... Coryn glân, moel. Dau lygad dolefus... rhyw drwyn bach powld, blin... a gwên bryfoclyd... Yn y cefndir, mewn rhyw dawch llwyd... gwyneb arall... Fedrwn i ddim yn 'y myw ddyfalu gwyneb beth o'dd o. Mi fedra fod yn angal. Mi fedra fod yn ellyll. Mi ofynnis i iddo fo be ne' bwy o'dd o. Ddaru o ond edrach arna'i... gafa'l yn y llun a cherdded i mewn i'r sbyty... Mi wellith, o gneith ...'dw i a 'nhebyg wedi gneud yn siŵr o hynny, ond beintith o ddarlun fel 'na byth eto tra bydd o byw...

RHYS: Ma' be ti'n 'i awgrymu'n ffia'dd.

MEILIR: Y gwaith ola' ddaru nhad 'i gyfansoddi. Ffrwyth poen o'dd o.

RHYS: Cymar poen ydi dyfndar, ia?

MEILIR: Conglfaen dy ffydd di, faswn i'n tybio.

RHYS: Be sy 'nelo hyn â be 'nest ti heno?

MEILIR: Does gin ti ddim dychymyg?

RHYS: Nac oes, mae'n amlwg.
MEILIR: 'Drycha ar y lle 'ma.
RHYS: I be?
MEILIR: 'Drycha. (*Mae RHYS yn gwneud.*)
RHYS: Dydyn nhw ddim ond wedi twtio'r lle 'ma. Rhwbath y dyla rhywun fod wedi'i 'neud flynyddoedd yn ôl. Pan o'dd 'y nhad yn fyw ro'dd y lle 'ma'n tyfu'n wyllt.
MEILIR: Mi fasa'n well tasa nhw wedi'i ada'l o'n llawr maes.
RHYS: Dydi be ma' mam a Barry wedi'i 'neud yn ddim o'i gymharu â be wyt ti wedi'i 'neud ac yn dal i 'neud. (*MEILIR yn ochneidio.*)
RHYS: Y diwrnod hwnnw gwelis i chdi'n Llundain. Mi ddeudis wrthat ti mod i'n mynd i'r theatr. Dyna o'dd y bwriad, ond do'dd 'na ddim tocynna ar ga'l. Do'dd Peter ac Alun ddim isio gweld dim byd arall; felly dyma pawb yn penderfynu cyfarfod yn nes ymlaen am bryd o fwyd. Mi es i Foyles yn Charing Cross. Mynd i'r lifft a phwyso'r botwm anghywir. Ca'l fy hun yn adran y llyfra gwyddonol. Cerddad at y silffoedd a be welis i ond dy lyfr diweddara di. Mi prynis i o. Deud wrth yr hogan wrth y til ma' fy mrawd i fy hun o'dd yr awdur. 'Ddylach chi ga'l 'i lofnod o arno fo', medda hi. 'Wel, dylwn',

medda fi ac mi ffonis i'r Imperial i ga'l gwbod pryd o'ddat ti'n darlithio.

MEILIR: (*Mewn syndod braidd.*) Ro'ddat ti yno?

RHYS: O'n.

MEILIR: 'Welis i mo'nat ti.

RHYS: Mi steddis i yn y cefn, o'r golwg. Y peth mwya ffôl 'nes i 'rioed e'lla.

MEILIR: Pam?

RHYS: Y petha ro'ddat ti'n 'u deud.

MEILIR: Dydw i ddim yn cofio be ddeudis i.

RHYS: Siŵr dduw dy fod ti'n cofio...'Dw i'n cofio, cofio bob gair ddeudist ti. Mi roist ti'r gora' i edrach ar dy nodiada... Mi gerddist ti atan ni... Edrach allan trwy'r ffenast... Mi newidiodd dy arddull di. Mi droth dy draethu herciog di'n... farddoniaeth, bron. 'Ffiol i DNA ydan ni a dim mwy. Ac os edrychwn ni yn y ffiol, mae'r genynnau yno... y duwiau bychain dall na wyddant beth yw da na drwg na gwên na dagrau... Maen nhw'n llifo'n fud o ffiol i ffiol hyd dragwyddoldeb.' ... Teimlo pob credo, pob argyhoedd-iad yn llifo ohono'i fel gwaed...

MEILIR: Dim ond darlith o'dd hi. Rhyw ymgais i symleiddio syniada cymhleth.

RHYS: E'lla na 'nest ti ddim ond cadarnhau be o'n i'n 'i deimlo yn y bôn ers tro byd...'Dw i'n ca'l yr un hunlla dro ar ôl tro... Yr afon ma'n codi a chodi nes bod y tonna'n chwipio'n erbyn walia'r tŷ... Yna, rhyw waedd erchyll a rhwbath tebyg i granc, ia, cranc yn codi o'r tonna. Y sglyfa'th yn crafangu i fyny'r mur at ffenast fy llofft i. Y noson ar ôl dy ddarlith mi ges i'r un hunlla, ond nid cranc gododd o'r tonna ond gŵr ifanc mewn siwt ddu a sbectol ar 'i drwyn yn traddodi darlith.

MEILIR: Dim ond isio egluro pwynt o'n i. (*Mae'n edrych arno gyda syndod.*) Ti rioed yn awgrymu 'mod i'n mynd ati'n fwriadol i chwalu credoa pobol? Dim ond cyflwyno ffeithia 'nes i... Be ti'n fwriadu'i 'neud?

RHYS: Gada'l y plwy.

MEILIR: Ble ei di?

RHYS: Ma' gin i ddigon o ffrindia yn Llundain. Pobol o'r un, be ydi'r gair, anianawd â fi... Ond rwyt ti 'di ama' hynny ers tro byd, twyt? ... Ma'n nhw'n deud fod 'na ryw ennyn sy'n creu pobol fath â fi. 'I fod o'n rhwbath etifeddol. E'lla'i fod o. O edrach yn ôl dyna, e'lla, o'dd problem 'y nhad... Honno o'dd i boen o. Be o'dd enw'r myfyriwr 'na fydda yma byth a beunydd? Rhyw hogyn o sir Benfro... Cadwa olwg ar yr hogyn bach 'na sy' gin ti, rhag ofn iti ga'l rhyw ddafad ar gyfrgoll fath â fi ar dy ddwylo.

MEILIR: 'Fedrist ti 'rioed ddygymod ag unrhyw fath o gymhlethdod, naddo Rhys?

RHYS: O, gyda llaw, y ferch 'na ro'ddat ti'n edrach arni bob munud yn ystod y ddarlith… Pwy o'dd hi? … Ar y diwadd mi a'th atat ti a rhoi cusan iti… Wyt ti'n 'i charu hi? … Paid â deud wrtha' i dy fod ti'n teimlo'n euog… Ma' geiria fel euogrwydd, pechod, barn, yn eiria'r hen fyd. Dyna ddeudist ti. Cofio? … Ydi hitha hefyd yn gweithio yn yr un maes?

MEILIR: Cau dy geg, 'nei di.

RHYS: Ydi Eleri yn gwbod amdani? …Wyt ti am ddeud wrthi?

MEILIR: Gad lonydd imi.

RHYS: Be sy? Euogrwydd? Cydwybod? … (*Mae RHYS yn codi carreg arall a'i thaflu i'r dŵr. Tra mae'n gwneud hyn ymddengys DEI gyda gwialen bysgota môr yn ei law.*)

DEI: (*Wrth RHYS.*) Trio'u dychryn nhw, 'dach chi?

RHYS: Be?

DEI: Y pysgod 'ma … Welsoch chi'r goleuada? Ceir plismyn yn 'i gneud hi am le Barry. Rhyw ffernols bach o'r pentra 'ma wedi bod yn gneud llanast eto, m'wn… Ddalis i ryw fastad bach yn trio rhoid tywod yn diesel y J.C.B. 'cw ryw noson. Hannar lladdis i'r sglyfa'th a chicio'i din o i fyny'r lôn 'cw. 'I dad o yn dwad acw i gega. 'Nes i fygwth hiro hwnnw 'fyd… Ddoth o ddim ar gyfyl y lle 'cw wedyn. Dim uffar o beryg. (*Mae DEI yn edrych ar yr afon.*)

DEI: Mi fydd yn rhedag 'mhen rhyw hannar awr.

RHYS: Be?

DEI: Y llanw.

RHYS: Bydd ma' siŵr.

DEI: Mi ddaw fel cenlli'. Sgubo popeth o'i flaen.

RHYS: G'neith… Be fyddwch chi'n iwsio'n abw'd?

DEI: Cranc. Dyma pam ddois i yma… i chwilio am rei. Ma' 'na ddigon yn y gwymon 'na. Fath â pryfaid cop myn diawl… (*Mae RHYS yn ymbalfalu yn y gwymon.*)

RHYS: 'Neith hwn tro?

DEI: G'neith tad.

RHYS: Bastad bach mila'n.

DEI: Medru bod, ydyn.

RHYS: Cofio sut i 'neud?

MEILIR: Cofio be?

RHYS: Sut i roid rhyw sglyfa'th ddiawl fel hyn ar fachyn.

MEILIR: Nac ydw.

RHYS: Fel hyn os 'dw i'n cofio… Damia! (*Mae'n gollwng y cranc ac mae'n syrthio i'r llawr. Mae MEILIR yn ei godi.*) Ty'd â fo yma.

MEILIR: Y?

RHYS: Y blydi cranc 'na.

MEILIR: Ma' 'na ddigon yn y gwymon 'na.

RHYS: Hwnna 'dw i isio.

MEILIR: Paid â bod mor blentynnaidd!

RHYS: Ty'd â fo yma, 'nei di! (*Mae RHYS yn mynd at MEILIR a cheisio cael y cranc.*)

MEILIR: Be haru ti?

RHYS: 'Dw i isio fo! (*Mae dadl yn troi'n ymladd milain. Mae'r ddau'n rowlio ar y traeth.*)

DEI: (*Mewn penbleth.*) Blydi hel! Ara deg!… Ara deg, dim ond cranc ydi o! (*Yn sydyn, mae RHYS yn codi carreg a'i chodi uwch ei ben fel petai am daro MEILIR gyda hi. Saib annifyr. Mae RHYS yn gollwng y garreg ac yn cerdded oddi wrtho. Mae MEILIR yn codi ar ei draed.*)

MEILIR: (*Wrth DEI.*) 'S gin i amser i groesi'r abar?

DEI: Oes, os byddwch chi'n reit handi. (*Mae MEILIR yn ei anwybyddu a mynd. Mae DEI yn cael hyd i granc arall ac edrych ar RHYS.*)
'Dach chi'n iawn?

RHYS: (*Yn flin.*) Ydw.

DEI: Ylwch. E'lla ma'r peth calla fydda…

RHYS: 'Dw i'n iawn, reit! (*Mae DEI yn chwilio am granc arall yn y gwymon.*)

DEI: Tarwch hwn ar y bachyn. (*Mae RHYS yn gwneud hyn fel petai'n cael cryn bleser.*)

RHYS: Rhwng 'i lygaid o… Ac allan trwy'i fol o… Peth fel hyn yn diodda poen, d'wad? Sbia arno fo. (*Mae'n dangos y cranc i DEI sy'n edrych yn hurt arno.*) Be 'dw i'n 'neud rŵan?

DEI: (*Mae DEI yn paratoi'r rîl.*)
Bys ar y lein… I chodi hi… a'i thaflu hi i mewn. (*Mae RHYS yn codi'r wialen.*) Pan 'dach chi'n barod 'i gollwng hi… gollyngwch y lein yr un pryd. (*Mae RHYS yn bwrw'r abwyd i'r dŵr.*)

RHYS: (*Yn gwenu.*) Wna'i 'sgotwr? Y? Wel?

DEI: Un da ar y diawl… Champion…
(Tywyllwch.)

DIWEDD YR OLYGFA GYNTAF

YR AIL OLYGFA

Oriau mân y bore. Mae Barry ar ei ben ei hun yn y parlwr. Mae'r radio ymlaen a chlywir gohebydd yn rhoi adroddiad pur besimistaidd ei naws ar y refferendwm. Mae Barry yn gwrando arno am ennyd ac yna'n tywallt wisgi iddo'i hun, diffodd y radio a cherdded allan i'r patio yn bryderus a myfyrgar ei wedd. Daw DWYNWEN i mewn gyda choffi. Am ennyd nid yw'n gweld BARRY.

DWYNWEN: O, fanna wyt ti.
(*Mae rhoi'r coffi iddo.*)

BARRY: Diolch. (*Mae'n edrych i gyfeiriad y llyn.*) Sut ga i honna'n rhydd?

DWYNWEN: Be?

BARRY: Y cwch 'na.

DWYNWEN: O...'Dwyt ti ddim yn oer, d'wad? Mi rydw i.

BARRY: Dim felly...'Dw i'n gonion, dallta.

DWYNWEN: Paid ti â phoeni. 'Do'dd wnelo'r peth ddim byd â chdi, nac o'dd?

BARRY: Yn fy lle i o'dd y ffernols, te?

DWYNWEN: Sut o'ddat ti i fod i wbod 'u bod nhw'n stwnsian hefo cyffuria?

BARRY: Ia, e'lla.

DWYNWEN: O le daethon nhw?

BARRY: Ochra Oldham ne' rwla. Dwad i lawr am ryw 'chydig o ddiwrnodia i bysgota. Dyna be ddeudon nhw wrtha'i. Diawl, do'dd y gêr i gyd gynnyn nhw... cwch, y job lot. Do'n i ddim callach, nac o'n?

DWYNWEN: Anghofia am y peth. Rhyngthyn nhw a'u potas.

BARRY: Gwranda, mi fydd rhaid imi fynd i weld Steve 'fory ... Heddiw... 'dw i'n feddwl. Mi gychwynna' i tua'r naw 'ma.

DWYNWEN: I be?

BARRY: Rhyw broblem wedi codi. Dim byd mawr. E'lla bydd gofyn imi aros noson ne' ddwy yna.

DWYNWEN: Braf ar rei.

BARRY: Trip busnas fasa fo. Mi fasa'n ddigon diflas i ti... Ti isio dwad 'lly?

DWYNWEN: Well imi aros. Mi fydd y ddau'n cychwyn yn ôl. Well imi 'neud tamad o fwyd iddyn nhw... Na, dos di.

BARRY: Ddoth Meilir yn ôl?

DWYNWEN: Naddo.

BARRY: Lle uffar a'th o felly?

DWYNWEN: Mi groesodd yr abar a mynd i gyfeiriad yr ynys, medda Rhys.

BARRY: Yr adag yma o'r nos? Arglwydd! Isio rhwbath i 'neud, toedd? Be o'dd yn 'i gorddi o, felly?

DWYNWEN: Duw a ŵyr. Mae'n rhaid i hwnna ga'l rhwbath i gorddi o. Fel 'na fuo fo rioed.

BARRY: Ydi o'n flin dy fod ti'n gwerthu'r lle 'ma ne' rwbath? Ydw i wedi gneud rhwbath i droi'r drol? Mi faswn i'n lecio gwbod. 'Dw i wedi ca'l mwy na llond bol ar y bobol 'ma sy'n gneud uffar o ddim ond ista mewn barn ar bobol sy'n trio gneud rhwbath ohoni.

DWYNWEN: Barry.

BARRY: Na, o ddifri, 'dw i'n gonion, dallta. Ma'r lle ma'n llawn ohonyn nhw. I gyd ar ben 'u digon. Blydi athrawon, gweinidogion, y ffernols 'na sy'n gweithio i'r cyngor. Byw ar y wlad, y job lot ohonyn nhw. Yr unig beth mentrus 'na'th y diawlad 'rioed o'dd codi morgej. Ma'n nhw codi cyfog arna'i yli! Ma' rhei ohonan ni'n gorfod byw yn y byd go iawn. A ma' o'n lle uffernol o ffia'dd mechan i. Y rhan fwya o'r amsar ti at dy hannar yn y gribol a neb i dy dynnu di ohono fo. Diawl o neb. Ti'n dwad i'r lan ond ma' ogla'r gribol yn dal arnat ti. Glywi di 'i ogla fo arna'i? ... Do'dd gin Meilir ddim hawl i 'neud beth 'na'th o. Pa mor amal y daw o yma? Ryw unwaith y flwyddyn. Y rhan fwya o'r amsar mae o'n jolihotio o un gynhadledd i'r llall yn malu awyr am betha does 'na uffar o neb yn dallt dim arnyn nhw na dim isio'u dallt nhw chwaith... Bastads! Pan ma'r ffernols yn pocedu'u cyflog does gynnyn nhw ddim clem o ble doth o. Hwyr glas i rywun ddeud wrthyn nhw fod rhywun wedi bod wrthi yn rwbio'r cachu oddi ar y tsiec fach lân 'na ma'n nhw'n 'i tharo dros gowntar banc bob mis!

DWYNWEN: (*Yn gwenu.*) Teimlo'n well?

BARRY: Ma'n ddrwg gin i, fel 'na 'dw i'n teimlo... Y blydi plismyn 'ma. Bwrw rhywun oddi ar 'i echal yn lân...Ti isio imi fynd? (*Mae'n gafael amdano.*)

DWYNWEN: Nac 'dw.

BARRY: Mi fydda i'n falch o ga'l gwarad o'r blydi seit 'na.

DWYNWEN: Fedra i ddallt.

BARRY: A'r sir 'ma hefyd deud y gwir. Rhyfadd sti?

DWYNWEN: Be?

BARRY: Tu allan i Groesoswallt ma' 'na bentra bach. Be ydi'i enw fo hefyd?

DWYNWEN: Nesscliffe?

BARRY: Ia, Nesscliffe. Wrth iti ddwad i mewn iddo fo, ma' 'na ddwy dafarn o fewn tafliad carrag i' gilydd. Pan fydda i'n cyrra'dd Nesscliffe, mi fydda i'n teimlo rhyw gwmwl yn codi oddi ar 'y mhen i... Ti'n dreifio dy gar drwy'r lle a does 'na neb yn rhythu arnat ti. Neb. Uffar o deimlad braf... Pan fydda i'n picio i Langefni mi fydda i'n 'u gweld nhw...

DWYNWEN: Pwy?

BARRY: Pobol. Ma'n nhw'n sefyll o flaen y siop bapura newydd 'na yn malu awyr a hel clecs. Ti'n stopio wrth y goleuada 'na a ma'r diawlad yn codi llaw arnat ti. Munud daw'r gola gwyrdd 'na ma'n nhw'n troi'u cefna a dy alw di'n bob enwa. 'Dw i di gweld nhw wrthi yn y drych. Gas gin i fynd i dafarn yn y lle 'ma. Yr wsnos dwytha stopis i yn Borth am beint ar fy ffordd yn ôl o Heswall... Yn ista wrth ryw fwrdd ro'dd 'na griw o betha'r Blaid. Llwyth o bapura o'u blaena' nhw. Wn i ddim be ddiawl o'ddan nhw wedi bod yn 'i 'neud. Fel o'n i'n nôl peint, dyma un ohonyn nhw'n codi oddi ar 'i ista a cherddad ata'i. Nabodis i o'n syth bin. Hogyn Trefor Parry. Mae o'n titsio yn dre meddan nhw.

DWYNWEN: Glyn?

BARRY: Ia, hwnnw. 'Di mynd rêl llanc.

DWYNWEN: O?

BARRY: Edliw hyn, edliw llall. Bastad bach. Mi rois i wsnosa o waith iddo fo pan o'dd o'n y coleg. Trefor yn crefu arna'i gymryd o. A dyma'r diolch ti'n 'i ga'l. Na, 'dw i 'di ca'l llond bol, dallta di. Gwynt iach ar ôl y blydi lle 'ma.

DWYNWEN: Fedra i ddallt sut ti'n teimlo.

BARRY: Arna i ma'r bai, e'lla.

DWYNWEN: Paid â siarad yn wirion.

BARRY: 'Dw i'n greadur sy'n mynnu ca'l fy maen i'r wal... Ond dydw i ddim yn ddyn ddrwg, Dwynwen.

DWYNWEN: Nac wyt, Barry. (*Mae'n rhoi cusan ar ei foch.*)

BARRY:	Be wna'i d'wad? Trio ca'l 'chydig o gwsg? *(Mae'n edrych ar ei wats.)* Argoledig, ma' hi'n dri o'r gloch bora… Chysga i ddim bellach… (*Daw DONA i mewn.*)
DWYNWEN:	Be sy'?
DONA:	Mae o isio diod o ddŵr.
DWYNWEN:	Ydi o'n iawn?
DONA:	Ydi.
DWYNWEN:	Ro'dd gynno fo wres pan ddoth o adra. Ydi o wedi gostwng rhywfaint?
DONA:	'D wn 'im, duw.
DWYNWEN:	Pryd gymist ti 'i wres o ddwytha?
DONA:	Mae o'n iawn, reit? Jest isio diod o ddŵr mae o.
BARRY:	Ffonia'r doctor.
DONA:	I be?
BARRY:	Ma'r hogyn bach yn giami, tydi?
DONA:	'Dw i ddim yn mynd i ffonio na doctor na neb yr adag yma o'r nos.
BARRY:	Mi ffonia i am un. (*Mae BARRY yn mynd at y ffôn.*)
DONA:	'Newch chi mo'r ffasiwn beth.
BARRY:	(*Wrth DWYNWEN.*) Yn enw'r nefo'dd, stwffia dipyn o sens i ben yr hogan ma, 'nei di!
DWYNWEN:	Yli, gwranda ar Barry. Gad i ddoctor ga'l golwg arno fo.
DONA:	Am y tro dwytha! Na 'na!
BARRY:	Dwyt ti ddim ffit i ga'l plentyn!
DWYNWEN:	Barry!
BARRY:	Tydi hi ddim! Hollol anghyfrifol.

DONA: Dydi hyn ddim o'ch busnas chi!

BARRY: Ydi mae o! Mae o'n ŵyr imi. Hyd y gwela i, fi ydi'r unig un sy'n poeni iot amdano fo. Ma'r peth bach yn lluch i dafl hyd lle ma drwy gydol 'r wsnos.

DWYNWEN: Nac ydi, dydi o ddim!

BARRY: Ydi, mae o! (*Wrth DONA.*) Be arall sy gin ti 'i 'neud ond 'i fagu o? (*Mae'n gafael yn y gitâr.*) Malu awyr hefo rhyw sothach fel hyn. Dy dwyllo dy hun dy fod ti'n gneud rhwbath o dragwyddol bwys.

DONA: Gadwch lonydd i honna!

BARRY: Â chroeso mechan i. (*Mae'n taflu'r gitâr ar lawr.*)

(*Daw RHYS i mewn mewn gŵn nos.*)

RHYS: Be 'di'r holl weiddi 'ma?

DONA: Deuda wrtho fo, 'nei di!

RHYS: Deud be?

DONA: Am beidio busnesu!

DWYNWEN: Dona, plîs.

BARRY: Nid busnesu ydan ni! Poeni am yr hogyn bach 'na ydan ni!

RHYS: Pam? Be sy 'di digwydd?

DONA: Dim byd! Rhyw fymryn o wres sy gynno fo, dyna'r cwbwl!

DWYNWEN: Mi a'i ato fo.

DONA: Mae o'n iawn medda fi!

DWYNWEN: Lle ti'n cadw'r asprin plant 'na?

DONA: Dydi o ddim isio dim byd!

DWYNWEN: Yn y bathrwm ma'n nhw?

BARRY: Atab dy fam 'nei di! (*Mae DONA yn rhuthro allan drwy ddrws y patio.*)

DWYNWEN: Lle ti'n mynd? Dona! Dona! Ty'd yn ôl! (*Wrth BARRY.*) Do'dd dim angen gneud ffasiwn lol, nac oedd?

BARRY: Ddyla pobol fel 'na ddim ca'l plant.

DWYNWEN: Barry! Dyna ddigon! (*Mae DWYNWEN yn mynd i fyny i'r llofft.*)

RHYS: O'n i ar fin syrthio i gysgu.

BARRY: Braf ar y diawl arnat ti.

RHYS: Mi wnâi noson o gwsg les i chitha hefyd.

BARRY: Chysgwn i ddim winc bellach.

RHYS: Pam?

BARRY: Y miri plismyn 'ma, te?

RHYS: O... ia.

BARRY: Pan ma' dau ddyn canol oed digon parchus yr olwg yn deud wrthat ti 'u bod nhw'n dwad lawr yma i bysgota, ti'n 'u coelio nhw, twyt?

(*Mae BARRY yn tywallt wisgi iddo'i hun. Yna cerdded o gwmpas yr ystafell yn anesmwyth. Mae'n chwarae gyda'r hi-fi a throi'r radio ymlaen. Clywir ar y radio yr Athro Eric Sunderland yn cyhoeddi canlyniad un etholaeth yn y Refferendwm. Canlyniad pur siomedig ydyw i'r rhai sydd o blaid y Cynulliad. Mae BARRY yn rhyw wenu.*)

RHYS: 'Naethoch chi bleidleisio?

BARRY: Fedar rhywun ddim 'i dal hi ym mhob man, na fedar?

RHYS: Na.

BARRY: Diffod o wir dduw. Ma' llais hwnna'n codi bwrn ar rywun. Gas gin i hen betha'r sowth 'na. (*Mae RHYS yn diffodd y radio. Mae BARRY yn llyncu'r wisgi a thywallt un arall iddo'i hun.*) Ti isio un?

RHYS: Dim diolch.

BARRY: Stomp.

RHYS: Be?

BARRY: Heno.

RHYS: Braidd.

BARRY: Cythra'l o beth gwael i' 'neud.

RHYS: Oedd, e'lla.

BARRY: Dim e'lla amdani. Mi roedd o. Be o'dd gynno fo i ddeud wrthat ti? (*Mae RHYS yn cerdded i'r patio.*)

RHYS: Meilir ydi Meilir… Be 'newch chi?

BARRY: Be ti'n feddwl?

RHYS: Sut cewch chi'r cwch allan o'r brwyn 'na?

BARRY: Rhaid meddwl am rwbath, rhaid? (*Mae BARRY yn codi'r gitâr ac edrych arni.*)

BARRY: Gas gin i blydi gitârs.

RHYS: O? Wir?

BARRY: Benllach 'stalwm.

RHYS: Benllach?

BARRY: Ia, dros ddeng mlynadd ar hugain yn ôl. Do'ddat ti'n neb yr adag hynny os nad o'dd gin ti un o'r rhein. Mi fydda pawb yn mynd i Benllach ar nos Sadwrn. 'Nes i g'warfod rhyw hogan o ochra Gwalchmai yno… Glenys… O'dd hi 'di mopio hefo'r grŵp 'ma o ochra Amlwch. Ro'ddan nhw'n chwara'n Llangefni ryw nos Sadwrn. Mi es i hefo'r hogia i'r Bull am foliad. Pan es i i'r town hall do'dd 'na ddim golwg ohoni. Chwilio yn bob man amdani. Es i allan i'r cefn a dyna fi'n clywad rhyw chwerthin yn rhwla'n y twllwch. Ro'dd 'na ryw foi a'i fodan wrthi mewn congol. Glenys o'dd hi, hefo boi'r grŵp 'ma. 'Nes i hannar 'i ladd o. Mi stidis i o ac mi stidis i o ac mi stidis i o, nes 'i fod o'n llug. Malu 'i blydi ddannadd o. Uffar o le. Plismyn a pawb yn rhuthro yna. Fues i mewn am noson… Hogan ddel Glenys. Welis i hi yn y primin ddwy flynadd nôl. Sgwrsio hefo hi am hydo'dd. Byw yn Leamington Spa. Wedi claddu 'i gŵr. Y boi 'ma stidis i. (*Mae'n llyncu'r wisgi a thywallt un arall.*)

BARRY: Cyma un.

RHYS: Na, 'dw i'n iawn.

BARRY: Un bach.

RHYS: Rhyw hannar diferyn, ta.

BARRY Cyma joch iawn siŵr dduw. (*Mae BARRY yn tywallt gwydraid o wisgi i RHYS a'i roi iddo.*)

BARRY: Mi deffrith di… Mi fyddwn i'n arfar mynd i'r eglwys ers talwm, sti?

RHYS: Oeddach?

BARRY: O, o'n, eglwyswraig o'dd mam. Mynd i'r cymun bob Sul. 'Na'th hi rioed gymuno chwaith.

RHYS: Pam?

BARRY: Cywilydd ma' siŵr. Ro'dd hi wedi ngha'l i cyn priodi, toedd. Pobol yr oes yna'n rhyfadd, sti? O'dd hi'n teimlo 'i bod hi wedi gneud rhwbath uffernol… Ydi o'n wir bod personia'd, offeiriaid, beth bynnag 'dach chi'n galw'ch huna'n, yn gorfod cadw cyfrinach? Hynny ydi, wy'st ti, tasa rhywun yn deud wrthach chdi 'i fod o 'di gneud rhwbath diawledig, chaech chi ddim sôn am y peth wrth un dyn byw.

RHYS: Na chawn.

BARRY: Oes 'na bobol yn deud petha mawr wrthat ti?

RHYS: Cyffesu 'dach chi'n feddwl?

BARRY: Ia, ma' siŵr. Dyna'r gair, ia?

RHYS: Mm.

BARRY: Cyffesu… Wel, oes 'na?

RHYS: Oes.

BARRY: Petha go hyll, 'lly? Ffia'dd?

RHYS: Weithia.

BARRY: Ac mi wyt ti'n gorfod gwrando ar y cwbwl.

RHYS: Ydw.

BARRY: A be wedyn?

RHYS: Ma'n ddrwg gin i?

BARRY: Ar ôl gwrando arnyn nhw be fyddi di'n 'neud?

RHYS: Trio'u cynghori nhw.
BARRY: Dyna'r cwbwl?
RHYS: 'Dw i ddim yn dallt.
BARRY: Ydyn nhw'n ca'l... (*Yn anesmwyth.*) ... maddeuant? Wel? Ydyn nhw?
RHYS: Ma' gin i'r hawl i fadda' pechoda.
BARRY: Uffar o gyfrifoldab.
RHYS: Nid y fi sy'n gneud. Cyfrwng ydw i.
BARRY: Y?
RHYS: Duw sy'n madda'.
BARRY: Sut ti'n gwbod hynny?
RHYS: Ylwch, wn i ddim i ble ma'r sgwrs 'ma'n arwain. Fasa ots gynnoch chi taswn i'n mynd i 'ngwely?
BARRY: Aros am funud. Aros am funud.
RHYS: I be?
BARRY: Fasat ti'n fodlon gwrando ar 'y nghyffas i?
RHYS: Ych cyffes chi?
BARRY: Ia.
RHYS: Rŵan 'lly?
BARRY: Duw yn dal yn effro debyg? ... Ma'n ddrwg gin i. Ddylwn i ddim fod wedi deud hynna. Mi fydda gin mam dlawd air am beth fel 'na. Cabledd, ia? Un o'r geiria 'ma ti byth yn 'u clywad heddiw, dim ond gin rhyw ffernols fath â fi yn 'u diod. Mwydro, tydw?
RHYS: Be 'dach chi isio'i ddeud wrtha' i?
BARRY: Wn i'm duw be 'dw i isio'i ddeud... Y plismyn 'na o'dd acw gynna... Ddeudis i wrth dy fam ma' ar ôl rhyw ddau o

Loegar o'ddan nhw. Rhyw firi hefo cyffuria a ballu. Mi ddeudis i anwiradd wrthi… Isio 'ngweld i o'dd y plismyn… Wyt ti ddim am ofyn imi pam?

RHYS: Pam?

BARRY: Bymthang mlynadd nôl do'dd gin i ddim dima. Oedd duw, 'ro'dd gin i'r tyddyn 'cw a joban yn y lle tyrcwns 'na yn ymyl Tŷ Mawr. Dwad adra'n drewi… Mi fydda' Mair – ro'dd hi hefo fi radag hynny – yn chwara'r diawl. Isio dillad glân bob dydd… Blydi gwas bach o'n i i'r ffyrm 'na. Rhyw dacla o Werddon. Rhywun ar y ffôn bob awr o'r dydd yn cwyno am rwbath ne'i gilydd. Barry gwna hyn, Barry gwna'r llall… Ta waeth, rhyw noson, o'n i'n dreifio adra drwy'r gors 'na ac ar yr hen gongol 'na wrth Ty'n Gors, dyma uffar o B.M.W. mawr du yn dwad i 'ngwynab i. Pwy o'dd yno fo ond Elwyn, Bodafon Bach. Wnâi'r sinach bach ddim symud imi. Mynnu mod i'n bagio'n ôl i geg rhyw gae. Rêl llanc. Diawl o ddim rhwng 'i ddwy glust o. Prin fedra fo sgwennu 'i enw yn 'r ysgol. O'n i'n ista wrth 'i ochor o… Ond, o edrach 'nôl ro'dd 'na rwbath digon hirben yn yr hen El. Mi brynodd gaea Tredyga, do? Ca'l 'planning' arnyn nhw. Duw a ŵyr sut, ond mi ga'th. Codi ugain o dai arnyn nhw... Gneud 'i blydi ffortiwn mewn llai na thair blynadd. Ar ôl iddo fynd heibio benderfynis i fynd i Falltraeth am dro. O'n i'n gonion, dallta. O'n i isio sadio cyn mynd adra. Es i am dro ar hyd y cob... Dal i gorddi... codi uffar o garrag a'i thaflu hi i'r afon. Reit, medda fi wrtha' fy hun. Os ydi El Bodafon Bach wedi'i gneud hi'n iawn, mi fedri ditha hefyd washi. O, medri... O'dd o'n deimlad rhyfadd 'chan ... Cofio fel bydda mam yn sôn am 'i thad yn ca'l rhyw dröedigaeth a ballu. Rhwbath felly ddigwyddodd i mi wrth gerddad y cob 'na y noson honno... Teimlo nghoesa a 'nhraed i'n sgafnu... Am y tro cynta ers blynyddo'dd clywad ogla gwymon... Wrth fynd yn ôl at yr hen fan honno o'dd gin i, mi 'nes i beth rhyfadd 'chan ... Ges i gip ar granc yn gogrwn mewn rhyw wymon. Dyma ga'l gafa'l arno fo. Ti'n gwbod be 'nes i hefo fo?

RHYS: Tynnu pob un o'i goesa fo'i ffwrdd, fesul un? (*Mae BARRY yn edrych ym myw llygaid RHYS.*)

BARRY: Ia... Ac mi ges i ryw blesar rhyfadd wrth 'neud, 'chan. Diawl o ddim byd ar ôl ond 'i gorff a'i gragan o ar gledar fy llaw i. A'r hen ll'gada 'na'n rhythu arna 'i... Daflis i'r sglyfa'th yn ôl i'r afon a sbio arno fo yn mynd i lawr ac i lawr i'r mwd yng ngwely'r afon… Y diwrnod wedyn mi es i i'r banc. O'n i'n gwbod bod y caea 'na ar derfyn y tyddyn 'cw ar werth a bod stad Plas Mawr isio'u gwerthu nhw'n reit handi. Mi wisgis i'n siwt ora. Do, duw. A rhyw hen dei coch a streipia glas arno fo… Uffar o beth hyll… O'n i ddim yn gwbod be i' ddisgwl… Ond diawl, ro'dd boi y banc yn reit glên. Rhyw foi o Ruthun o'dd o. Newydd ddwad yma'n rheolwr. Cynnig hynny o'n i isio… Dim problem… Ac mi brynis i'r caea… Ond cyn i'r inc sychu ar y gweithredo'dd ro'dd y ffôn 'cw'n canu. Pobol ddaru rioed sbio arna'i yn dymuno'n dda imi… Cownslars a ballu. Gofyn o'n i isio'u help nhw mewn unrhyw ffordd… Ac mi ro'n i, toeddwn? … Ac mi ges i help… Do'n i ddim callach. Dyna, ar y pryd, o'n i'n feddwl o'dd y drefn… Dalis i'n hael am help un ne' ddau ohonyn nhw… Do, myn diawl… Ond llynadd, mi fuo'r helynt 'na yn Bryn-meirch 'do? Glywist ti am hynny, m'wn?

RHYS: Naddo.

BARRY: Taw? Wir?

RHYS: Dim gair.

BARRY: Helynt ar y naw… A'th y plismyn i bac Harri Rowlands. Ro'dd 'na gega am ryw fyngalo o'dd yn ca'l 'i godi yn

Bryn-meirch… Mi agorodd yr hen Harri 'i geg fawr, do? Dechra enwi'r bobol ro'dd o wedi gneud cymwynas â nhw ar hyd y blynyddo'dd. A 'dw i'n un o'r rheini…

RHYS: 'Dw i'n gweld.

BARRY: Stomp. Stomp ar y diawl, 'chan.

RHYS: Pam 'dach chi'n deud hyn wrtha 'i?

BARRY: Poeni am dy fam 'dw i.

RHYS: Ydi hitha' yn y stomp 'ma hefyd?

BARRY: Ydi a nac 'di.

RHYS: Be 'dach chi'n feddwl?

BARRY: Fel gweli di, ma' 'na, sut deuda'i o, ma' 'na betha wedi ca'l 'u gneud i'r lle 'ma, toes? Y llyn 'ma a ballu. Ro'dd rhaid ca'l caniatâd rhywun i 'neud hynny, toedd? 'Na'th hi ada'l pob dim yn 'y nwylo i… Y peth ydi, ti'n gweld…'dw i 'di gaddo petha mawr iddi. Un peth sy ar 'i meddwl hi…

RHYS: Mynd o'ma y ffordd gynta'.

BARRY: Ia.

RHYS: 'Does 'na ddim byd yn 'i rhwystro hi rhag gwerthu, nac oes?

BARRY: Petha ddim mor syml â hynny.

RHYS: Pam?

BARRY: Flwyddyn yn ôl mi 'nes i 'i pherswadio hi i 'ngneud i'n siarog yn y lle 'ma.

RHYS: (*Wedi synnu.*) Be?

BARRY: Yli, do'dd 'na ddim byd dan din yn y peth, wir dduw rŵan. Ro'dd Steve, y boi 'ma 'dw i'n nabod, isio imi brynu rhyw dir hefo fo yn Lloegar. Y rhan fwya o'r arian gynno fo, ond ro'dd o'n fyr o ryw chwartar miliwn... Do'dd gin i mo hynny. Ro'dd rhaid imi ga'l benthyciad. Fedrwn i ddim rhoid y seit 'cw fel sicrwydd. 'Dw i'n dal i dalu am y blydi lle. Ro'dd rhaid imi ga'l rhwla...

RHYS: Faint ma' hi'n wbod am hyn?

BARRY: 'Nes i ddim deud y gwir i gyd wrthi. Wn i be sy'n mynd trwy dy feddwl di...'Nes i ddim cymryd mantais arni, reit? Wir dduw rŵan...'Dw i'n meddwl y byd ohoni.

RHYS: 'Dach chi'n...'i charu hi?

BARRY: Siŵr dduw mod i!... Pam ddiawl ti'n gofyn peth mor wirion? Ti'n gweld, os eith y plismyn 'ma i mhac i... fydd neb yn ca'l gwerthu uffar o ddim, na fydd? Mi fedra rhyw lol fel hyn fynd ymlaen am fisoedd, blynyddoedd e'lla... Wn i ddim be ddiawl i 'neud. Ti'n meddwl y dylwn i ddeud wrthi?

RHYS: Chi ddyla' benderfynu hynny.

(*Mae BARRY'n cerdded fel pe bai ar goll o gwmpas y stafell.*)

BARRY: Sut byddi di'n madda' i bobol?

RHYS: Ma'n ddrwg gin i?

BARRY: Be ti'n 'neud? Deud rhyw eiria 'lly?

RHYS: Ia.

BARRY: Dy eiria dy hun?

RHYS: Naci. Geiria'r eglwys. (*Mae BARRY yn cerdded i'r patio ac edrych allan.*)

BARRY: Deuda nhw wrtha'i.

RHYS: Deud be?

BARRY: Y geiria 'ma.

RHYS: Rŵan?

BARRY: Ia, rŵan. (*Mae BARRY yn cerdded ar y patio ac edrych allan ar y llyn. Mae'n crynu.*)

Ty'd!...Deuda nhw!

RHYS: (*Yn ddihyder.*) 'Yr Arglwydd a dynnodd ymaith dy bechod. Dos mewn tangnefedd a gweddïa drosof fi. Yr wyf innau'n bechadur hefyd.'

(*Mae'r golau'n araf ddiffodd yn sŵn y darn 'Ffrwd Ceinwen'.*)

DIWEDD YR AIL OLYGFA

Y DRYDEDD OLYGFA

Wrth yr afon sy'n llifo i'r môr. Mae Dona ar ei phen ei hun yn eistedd ar graig ar lan yr afon. Ar ôl ychydig eiliadau, clywir llais (MEILIR) yn ei galw yn y pellter. Llais rhywun yn cael trafferth i nofio ydyw. Mae Dona'n codi ar ei thraed ac yn edrych allan. Nid yw'n ymateb o gwbl ac ni wna ymdrech i'w helpu. Ymhen ychydig y mae MEILIR yn bustachu i gyrraedd y lan. Mae'n wlyb diferol ac wedi colli ei wynt yn lân.

MEILIR: Helpa fi! (*Nid yw DONA yn ymateb.*) Helpa fi, Dona! (*Mae DONA yn ymestyn ei llaw iddo.*) Diolch iti…

DONA: Be ti 'di bod yn 'neud?

MEILIR: Penderfynu nofio'n ôl.

DONA: Ti'n gall?

MEILIR: Wedi gneud hynny sawl gwaith flynyddoedd yn ôl… Mi a'th y lli' bron yn drech na fi.

DONA: Ti'n crynu.

MEILIR: 'Dw i'n iawn.

DONA: Ty'd nôl i'r tŷ.

MEILIR: Na 'na … Mi fydda i'n iawn.

DONA: Yn enw'r nefo'dd Meilir, ty'd 'nei di!

MEILIR: (*Yn flin.*) Na 'na medda fi!

DONA: Peth twp i 'neud.

MEILIR: Oedd e'lla… (*Mae'n graddol ddod ato'i hun.*) Be ti'n 'neud yma?

DONA: Pawb yn 'y mhen i.

MEILIR: Pwy?

DONA: Pawb!

MEILIR: Pam?

DONA: Tudur.

MEILIR: Be sy o'i le arno fo?

DONA: Dim byd mawr. Mymryn o wres… Mae o'n iawn. Plant yn ca'l rhyw hen betha, tydyn? … Gada'l iddo fo gysgu, te? Gneud môr a mynydd o ddim byd.

MEILIR: Mi ro'ddat ti'n ista yn fanna'n sbio arna'i.

DONA: Mm?

MEILIR: 'Nest ti ddim trio fy helpu i.

DONA: O'n i ddim yn siŵr be o'dd yn digwydd.

MEILIR: Mi glywist ti fi'n gweiddi?

DONA: Naddo. 'Chlywis i neb… Ti'n iawn?

MEILIR: Ydw.

(*Saib annifyr.*)

DONA: 'Dw i'n 'i gasáu o.

MEILIR: Pwy?

DONA: Rhys.

MEILIR: Pam?

DONA: Mor… drahaus. Mudandod hunangyfiawn. Meddwl 'i fod o'n gweld rhwbath y tu hwnt i be 'dan ni'n 'i weld. Rhyw… batrwm, rhyw… blot, rhyw… ystyr… (*Mae MEILIR yn anesmwyth.*) Ti'n oer?

MEILIR: 'Dw i'n iawn.

DONA: Pam na ddoist ti heno?

MEILIR: Be ydi'r hen ogla 'ma? Glywi di o?

DONA: Na.

MEILIR: Carthion. Yr hen beipan 'na? Ydi hi'n dal yna?

DONA: Ydi.

MEILIR: Rhywun yn pysgota yna. Dei ydi o. Pam ddiawl mae o isio pysgota'n fanna? ... Ydi o wedi deud wrthat ti?

DONA: Pwy wedi deud be?

MEILIR: Rhys. Dydi o ddim wedi deud wrthat ti? Mae o'n gada'l yr offeiriadaeth.

DONA: Rhys?

MEILIR: Ia.

DONA: Pam?

MEILIR: Dim byd ar ôl medda fo.

DONA: Be ti'n feddwl?

MEILIR: Ffydd. Cred... (*Yn fyfyrgar wrtho'i hun.*) Wedi gweld y pry' yn y cwpan.

DONA: Sut wyt ti'n gwbod?

MEILIR: Fo'i hun ddeudodd wrtha'i.

DONA: Pryd?

MEILIR: Gynna'.

DONA: 'Dw i ddim yn dallt...Credu dim?

MEILIR: Dim...

(*Mae DONA yn gadael MEILIR yn ystod yr araith hon. Nid yw ef yn ymwybodol o hynny. Ymddengys BARRY yn ystod yr araith a rhythu ar MEILIR.*)

Am fynd i Lundain, medda fo... I be? Duw a ŵyr... Be 'neith o mewn lle felly? ... Os cei di gyfla, tria'i berswadio fo i aros am ryw 'chydig ddyddia... E'lla gwna' inna hefyd...

Mi awn ni i rwla, y tri ohonan ni. Ca'l sgwrs iawn... Dwad i nabod yn gilydd eto... Wedi colli nabod ar yn gilydd rywsut, tydan? ... Y tri ohonan ni wedi bod ar gyfrgoll rywsut, do? Rhaid inni ddwad yn ôl at yn gilydd... Ailafa'l mewn petha... Byth yn rhy hwyr i 'neud hynny, sti? ... Mi awn ni am dro i ochra Penmon? ... Rhys wrth 'i fodd ym Mhenmon...Mi awn ni fory, os leci di. (*Mae MEILIR yn troi ac edrych i gyfeiriad DONA ond caiff fraw wrth weld BARRY yn sefyll yno.*)

BARRY: Ti'n blydi socian. Be ti 'di bod yn trio'i 'neud? Dy foddi dy hun? Ffordd brafia i fynd meddan nhw. Dy ben di'n mynd yn ysgafn fel tasa ti'n chwil braf. A wedyn... llithro i ffwrdd... I le? Duw a ŵyr... (*Mae BARRY yn syllu ym myw llygaid MEILIR.*) Ti'n 'y nghasáu i, twyt? ... Wyt, 'dw i'n gwbod... Meddwl fod dy fam yn haeddu gwell, ia? (*Yn fyfyrgar.*) Ma' hi. Haeddu rhwbath gwell o beth uffar na fi... Paid ag edrach arna'i fel 'na. Ti'n edrach yn union fel gwna'th yr hen hogyn Ty'n Llidiart 'na arna'i yn y dafarn 'na yn Borth... Mi ddoth y bastad bach ata'i rêl llanc a deud wrtha'i yn 'y ngwep mod i 'di gneud uffar o ddim ond chwalu a malu'r blydi ynys 'ma... Titha'n credu hynny hefyd,

twyt? Y? Ond, myn uffar i, mi ddeuda'i un peth wrthat ti,'dydw i ddim wedi chwalu a malu cymaint ar yr hen fyd 'ma ag wyt ti a dy debyg 'di 'i 'neud. Ych drwg chi yn y coleg 'na ydi nad ydach chi'n meddwl fod neb yn darllan be 'dach chi'n ddeud. 'Dw i 'di gneud, yli. Mi wn i'n iawn be ydi testun dy bregath felltith di. 'Dw i'n cofio pob pen ohoni washi... (*Mae BARRY yn codi darn hir o wymon a'i roi dros ysgwyddau MEILIR.*)
Y gwyddonydd yn 'i lifra. Ga'i d'addoli di? Ga'i ymgrymu iti?
(*Mae BARRY yn ymgrymu gerbron MEILIR.*) Dyma be ti wedi'i greu, yli. Dyma ben draw dy ddwylo bach meddal, glân di... 'S gin i uffar o ddim, yli... Cydwybod... teimlad...dim. O oes, ma 'na rwbath ar ôl: cynddaradd. Dyna'r unig beth sy'n 'y nghynnal i ac mae o'n fwyd a diod imi, washi. (*Mae BARRY yn torri i lawr i wylo. Daw MEILIR ato o cheisio ei gysuro.*)
Nid fel hyn o'dd hi i fod. Arthur. Ro'n i isio i Arthur 'neud rhwbath ohoni... Ond chwalwr a malwr o'dd hwnnw hefyd, 'fath â'i dad.

MEILIR: Mi ddylech chi ga'l gwbod rhwbath.

BARRY: O?

MELIR: Ynglŷn ag Arthur... y noson honno cafodd o'i ladd, ro'n i yma.

BARRY: Chdi?

MEILIR: Ro'n i newydd ddreifio i fyny o Gaerdydd. Cyfarfod gin i yn Ysbyty Gwynedd. Do'ddwn i ddim wedi bwriadu dwad heibio ond ro'dd rhywun wedi bagio i mewn i nghar i ym maes parcio'r ysbyty, a malu un o'r lampa ôl. Ro'dd yn rhaid imi bicio i Lanfairpwll i ga'l un arall cyn cychwyn yn ôl. Wedi ca'l un, teimlo y dylwn i bicio yma. Dreifio i fyny at y tŷ, a be welis ond car yn y cowt 'na. 'I ddrws o'n gorad. Yr injian yn mynd. Cerddad at y tŷ a'r cwbwl glywn i o'dd bloeddio a sgrechian. Pan es i i mewn ro'dd Dona ar 'i hyd ar lawr ac Arthur fel dyn gwyllt yn 'i chicio hi. Grefis i arno fo i roi'r gora iddi. Wnâi o ddim gwrando. Ro'dd yn rhaid imi ymyrryd. Mi daflis i o allan i'r cowt a chau'r drws yn glep ar 'i ôl o. Dyma lle ro'dd o fel rhwbath o'i go' yn dyrnu'r drws. Ro'dd Dona isio mynd ato fo. Ond wnawn i ddim gada'l iddi. Yna, sŵn tiars. Car yn sgrialu i fyny'r lôn…

(*Edrychant ar ei gilydd. Yna, yn araf, mae MEILIR yn cerdded oddi wrtho. Mae BARRY yn edrych allan ac yna codi carreg a'i lluchio i'r dŵr ac un arall, ac un arall. Ymddengys DEI gyda'i wialen bysgota ac ychydig o fecryll. Mae'n edrych ar BARRY am ennyd.*)

DEI: Macrall. Sglyfath o hen bysgodyn… Heigio wrth yr hen beipan 'na. (*Mae'n tynnu cyllell boced allan ac agor un o'r mecryll.*) Llond y sglyfa'th o gachu.

BARRY: Dos â fo o ngolwg i.

DEI: O'n i'n meddwl 'ych bod chi'n lecio mecryll.

BARRY: Fedra i ddim diodda'r ffernols.

DEI: Wn i ddim pam es i bysgota i fanna.

BARRY: Pam na fasat ti wedi mynd i'r trwyn?

DEI: Wel ia.

BARRY: Fanna ma'r dŵr glân. I fanna y byddan ni'n mynd i drochi 'stalwm.

DEI: Braf.

BARRY: O'dd 'chan. Braf ar y naw.

DEI: Ond i fan 'ma bydda dad yn dwad i nofio… Yn enwedig yn yr ha'. Ar ôl diwrnod calad yn y garej, mi ddôi 'i hun… Nofio'n fan'cw… nôl a blaen… nôl a blaen, yn 'i fyd bach 'i hun. Dad yn nofiwr da. Hogyn o'r Iard… Hogia'r Iard i gyd yn nofiwrs da… Nofiodd dad a Twm Siop i G'narfon unwaith heb nogio… ac yn ôl… Do, myn diawl… Ond mi ddeudodd Dr Wilias wrth mam e'lla ma' pigo rhwbath yn fan 'ma nath o… Blydi doctoria'd. Deud wrth mam a finna… 'Fedrwn i 'neud dim byd iddo fo'… A jyst troi ar 'i sowdwl a'i gluo hi i fyny'r coridor. Glywis i'r diawl yn chwerthin

hefo rhywun wedyn fel tasa dim byd yn bod.
(*Mae'n taflu'r macrell a agorodd i bwll gerllaw yn hynod flin.*) Taswn i wedi mynd i goleg, i Manchester faswn i wedi mynd... Es i i Manchester ryw ddydd Sadwrn... Welis i'r coleg ... Mi sefis i o'i flaen o am hydo'dd. Deud bygyr ôl. Dim ond rhythu arno fo... A wedyn, duw a ŵyr pam, mi ddechreuis i ganu... Pobol yn stopio i sbio arna'i ... Rhei yn chwerthin. Rhei yn rhedag i ffwrdd... fel tasa nhw f'ofn i... Pam o'n i'n codi ofn arnyn nhw? ... (*Mae DEI yn taflu'r mecryll fesul un i'r afon gan ganu pennill cyntaf yr unawd y soniodd amdano yn yr act gyntaf, 'Llyn Cerrig Bach'. Mae'r golau'n diffodd yn araf fel yr â'r gân rhagddi. Yn raddol try llais DEI yn llais plentyn yn canu'r un gân.*)

DIWEDD Y DRYDEDD OLYGFA

Y BEDWAREDD OLYGFA

Ychydig yn ddiweddarach. Mae RHYS wrth y piano yn chwarae cordiau jazz, y naill gord ar ôl y llall. Daw DWYNWEN i mewn o'r llofft ac mae RHYS yn dal i chwarae yn ystod y ddeialog. Yng nghanol y sgwrs, mae Meilir yn ymddangos ar y patio.

RHYS:	Sut ma' Tudur?
DWYNWEN:	Dipyn yn well 'dw i'n meddwl.
RHYS:	Hynny'n gysur.
DWYNWEN:	Ca'l traffarth ar y naw i' gadw fo yn 'i wely. Isio gwbod pwy o'dd yn canu'r piano. (*Mae RHYS yn stopio canu'r piano.*)
RHYS:	'Nes i ddim mo'i strybio fo gobeithio?
DWYNWEN:	I'r gwrthwynab. 'Dw i ddim yn ama dy fod ti wedi codi dipyn ar 'i galon o.
RHYS:	Ydi *o'n* gerddorol?
DWYNWEN:	Wn i'm.
RHYS:	Mi ddyla Dona ganu iddo fo. (*Mae DWYNWEN yn tywallt gwydraid o win iddi hi'i hun.*)
RHYS:	Oes rhaid ca'l hwnna rŵan?
DWYNWEN:	Yr offeiriad yn ceryddu?
RHYS:	Mab yn pryderu. (*Rhy DWYNWEN gusan sydyn iddo.*)
DWYNWEN:	Raid iti ddim.
RHYS:	Falch o glywad.
DWYNWEN:	Pam na ddoth Meilir i'r cyfarfod? Gest ti ryw eglurhad gynno fo?

RHYS: Wn i ddim be sy'n mynd trwy'i feddwl o. Mae o yn 'i fyd bach 'i hun.

DWYNWEN: Y gwyddonydd ar gyfrgoll?

RHYS: Ia.

(*Mae DWYNWEN yn edrych allan i gyfeiriad y llyn.*)

DWYNWEN: Dŵr.

RHYS: Dŵr?

DWYNWEN: Mi fydd hi'n braf codi yn y bora a gweld rhwbath heblaw dŵr.

RHYS: Y tŷ newydd 'ma mewn lle braf felly?

DWYNWEN: Erwa ar erwa o gaea tu ôl iddo fo… Dim tai. Dim… Ma' gin ti le braf hefyd 'toes?

RHYS: Oes… ma' siŵr.

DWYNWEN: Mewn pant os 'dw i'n cofio'n iawn.

RHYS: Ia, gwaetha'r modd. (*Nid yw RHYS yn gwrando rhyw lawer arni.*)

DWYNWEN: Pam ti'n deud hynny? … Be sy? Dwyt ti ddim yn hapus yna? Pam? Be sy? Y tŷ? Y plwy? Y bobol? Be? …'S gin ti ddim ffrindia? 'Chlywis i rioed monat ti'n sôn am ffrindia yna?

RHYS: E'lla ma' camgymeriad o'dd mynd yno… Dydw i ddim yn ddyn y wlad. Isio rhywun arbennig iawn yn y wlad. Fydda i ddim yn y plwy'n hir iawn eto.

DWYNWEN: O, wir? Ydi hyn yn swyddogol?

RHYS: Ddim eto.

DWYNWEN: Ble'r ei di?

RHYS: Rhyw feddwl mynd i Loegr.

DWYNWEN: Lle?

RHYS: Rhyw ddinas. Llundain mae'n debyg.

DWYNWEN: I blwy?

RHYS: Ia.

DWYNWEN: Rhyw blwy arbennig?

RHYS: Do's na ddim byd pendant wedi'i drefnu ond ma' gin i ffrind yn esgobaeth Stepney.

DWYNWEN: Offeiriad?

RHYS: Ia.

DWYNWEN: Pwy?

RHYS: Alun.

DWYNWEN: Cymro?

RHYS: Ia. Offeiriad da, Alun. Mae o mewn plwy tlawd. Yr ysbrydol yn golygu dim i bobol mewn llefydd felly medda fo. Ma' hi'n ddigon i bobol fedru diwallu anghenion y corff… Na, mi ddysga'i lawar gin Alun. Llawar iawn, hefyd.

DWYNWEN: (*Yn gwenu.*) 'Dw i'n falch. Mi fasa'n gas gin feddwl y basat ti dy hun mewn lle felly… Braf bod yn rhan o rwbath… Dim byd gwaeth nag unigrwydd…
(*Saib.*) Mi ffendis i nhw, sti?

RHYS: Be?

DWYNWEN: Y darna gyfansoddodd o pan o'dd y myfyriwr hwnnw yma. Ti'n 'i gofio fo?

RHYS: Meurig.

DWYNWEN: Hogyn o Sir Benfro… Clunderwen ne' rwla. Ro'dd o'n gneud ymchwil. Dy dad o'dd 'i gyfarwyddwr o. Mi gyrhaedda' yma ben bora… Mynnu gada'l 'i gar o flaen 'y nghar i yn y cowt 'na. Deud a deud wrtho fo am beidio ond wnâi o ddim gwrando… Fydda' fo byth yn curo ar y drws… Dim ond cerddad i mewn, edrach arna'i, a 'nghyfarch i'n swta….. Wedyn mi gerdda' i mewn i fan 'ma… Mi fydda dy dad yn ista wrth y piano 'na yn 'i ddisgwl o… Ar ben un ar ddeg mi gerdda yn ôl i'r gegin, gneud panad i'r ddau ohonyn nhw a mynd yn ôl heb ddeud dim… Mi ddoth i'r cynhebrwng ond ddoth o ddim atan ni… Dim ond sefyll wrth borth y fynwant ar 'i ben 'i hun a'i ddwylo yn 'i bocad… Pan ddoth y cynhebrwng i ben mi drychis i weld o'dd o'n dal yno. Do'dd o ddim… Welis i mo'no fo wedyn. Dim llythyr, dim galwad ffôn, dim. Ond ryw 'chydig ddyddia cyn iddo fo fynd i Clatterbridge, mi gaeodd dy dad 'i hun yn fan 'ma. Chawn i ddim mynd ar 'i gyfyl o. Y cwbwl glywn i ddydd a nos o'dd noda'r piano 'na … Rhyw noda a chordia rhyfedda… cwbwl ddiarth imi… Ro'dd gwrando arnyn nhw'n codi arswyd arna'i…Y noson cyn iddo fo fynd, ro'n i'n y gegin yn pacio'i gês o…Clywad rhyw sŵn. Meddwl yn siŵr 'i fod o wedi ca'l codwm. Rhuthro i mewn i fan 'ma. Toman o lyfra ar lawr. Yr hen gyfrola trymion 'na fydda ar y silff ucha honno, a fynta, yn 'i wendid, yn bustachu i' rhoid nhw'n ôl ar y silff. 'Be gebyst ti'n drio'i 'neud d'wad?' medda fi… Do'dd o ddim yn disgwl 'y ngweld i… Wydda fo ddim be i' ddeud. 'Dim ond rhoid trefn ar 'y mhetha', medda fo, a cherddad heibio imi, mynd i fyny i'r llofft a gorfadd ar 'i wely. Ar y pryd, 'nes i ddim meddwl rhyw lawar am y peth…

(*Ymddengys MEILIR ar y patio ond nid yw DWYNWEN yn ei weld.*)

Ond ddwy flynadd yn ôl, pan 'nes i ddechra clirio'r stafall 'ma, mi syrthiodd un o'r cyfrola rheini'n glewt ar lawr wrth imi drio'u pacio nhw. Yno ro'ddan nhw, rhwng cloria'r gyfrol 'ma … *Chwe Unawd*. Dyna'r cwbwl o'dd y teitl… Ond dim ond pump o'dd yna. Rhyw 'chydig faria yn unig o'r chwechad o'dd yna ar ryw un dudalan… Ro'ddan nhw'n wefreiddiol… Am wsnosa mi es i trwy bob llyfr o'dd gynno fo yn y gobaith y basa'r chwechad darn yn dwad i'r fei… Mi faswn i, wedyn, yn medru'u cyhoeddi nhw… Rhyw noson, mi 'nes i ailedrych arnyn nhw a sylwi am y tro cynta 'i fod o wedi sgwennu rhwbath ar gefn tudalen ola un ohonyn nhw… Ro'n i'n meddwl ma' fi o'dd i fod i' ddarllan o… 'Diolch iti am roi imi eto… wefr… a'r awch i greu'… (*Yn chwerw.*) Mi aberthis i'r cwbwl… ond do'dd dim ots gin i… Ro'n i'n gwbod mod i'n rhan o rwbath… Ro'dd o'n creu ac mi ro'dd 'na le i mi yn y creu hwnnw… Os na fedrwn ni greu… be sy' ar ôl? … Y bora wedyn mi es i â nhw at lan y ffrwd 'na lle bydda fo yn ystod 'i wsnosa ola'n ista'n pendwmpian. Pan fyddwn i'n mynd ato fo mi goda'i ben a rhythu arna'i… Pwy o'dd o isio'i weld? Fi? Fo? Mi daflis i'r cwbwl, fesul un, i'r ffrwd: *Cerrig Gwyddyl*, *Din Dryfol, Llyn Coron, Barclodiad y Gawres*, *Bryn Celli Ddu*… Ac wedyn gwylio'r lli yn mynd â nhw i'r afon… Lle ma'r chwechad, tybad? Yr ola'? … Ddaru o'i gorffan hi? Ydi hi'n dal yma yn rhwla?

MEILIR: (*O'r patio.*) Ma' hi gin i. *Ffrwd Ceinwen*. Mi roth gopi imi pan es i i' weld o yn y sbyty. 'Dw i'n siŵr 'i bod hi gin i yn rhwla. Y peth gora gyfansoddodd o rioed.

DWYNWEN: Ydi o'n 'i chyflwyno hi i rywun?

MEILIR: Na.

(*Saib.*)

RHYS: Triwch…

DWYNWEN: Be? … Madda?

(*Mae DWYNWEN yn edrych ar RHYS, cerdded ato a rhoi cusan iddo. Wedyn, y mae'n mynd i gyfeiriad MEILIR sy'n sefyll ar y patio. Mae hi'n edrych allan i gyfeiriad y llyn.*)

DWYNWEN: (*Wrth MEILIR.*) Ble ar wynab y ddaear wyt ti wedi bod?

(*Daw MEILIR i mewn yn wlyb. Mae'n taro carthen drosto. Mae'n edrych o'i gwmpas. Gwêl y piano ac â ati a dechrau chwarae 'Ffrwd Ceinwen'. Ymddengys DONA o gyfeiriad y llyn. Mae'n dod wyneb yn wyneb â DWYNWEN.*)

DONA: Gysgodd y bychan?... Be 'di hanas o? Ydi o'n iawn?

DWYNWEN: Mae o'n well... Welist ti Barry yn rhwla?

DONA: Do.

DWYNWEN: Lle ro'dd o?

DONA: Ar 'i ffordd i'r trwyn.

DWYNWEN: Pam o'dd o isio mynd i fanno o bob man?

(*DONA yn codi'i hysgwyddau.*)

... Mi fydd wedi rhynnu...

(*Mae DWYNWEN yn mynd allan i gyfeiriad y llyn. Daw DONA i mewn i'r ystafell. Mae'n gweld MEILIR.*)

DONA: (*Wrth MEILIR*) Mi fydd rhwbath wedi gafa'l ynat titha hefyd os nad ei di i newid... (*Mae MEILIR yn rhyw wenu arni a bwrw mlaen i chwarae 'Ffrwd Ceinwen'.*) Pryd wyt ti am 'i chychwyn hi'n ôl?

MEILIR: 'Dw i ddim yn siŵr. 'Dw i i fod yn Llundain fory, heddiw 'dw i'n feddwl, ond does dim rhaid imi fynd. Do'dd be o'dd gin i ar y gweill ddim o dragwyddol bwys. E'lla arhosa i am ryw 'chydig o ddiwrnodia.

DONA: (*Wrth RHYS.*) A be amdanat ti?

RHYS: Be?

DONA: Pryd ti am gychwyn?

RHYS: Am gychwyn rŵan a deud y gwir. Well imi bacio. (*Mae RHYS yn cychwyn mynd allan.*)

DONA: (*Wrth RHYS.*) Os ca'i rhyw wsnos i mi fy hun… e'lla do'i lawr i dy weld di cyn Dolig.

RHYS: Rhaid iti frysio.

DONA: O? Pam?

RHYS: Fydda i ddim yna. 'Dw i'n gada'l y plwy.

DONA: Peth creulon i' 'neud.

RHYS: Creulon?

DONA: I gada'l nhw ar gyfrgoll.

RHYS: (*Yn flin.*) Mi fyddan nhw'n iawn.

DONA: Ti'n meddwl hynny?

RHYS: Buan cân' nhw rywun arall.

DONA: 'Dw i'n dy gofio di'n deud wrtha'i bod meddwl am baratoi plant ar gyfar conffirmasiwn yn codi arswyd arnat ti.

RHYS: Ddeudis i hynny?

DONA: Do.

RHYS: Pryd?

DONA: Y dwrnod hwnnw yr aethon ni i Benmon hefo'n gilydd. Cyfrifoldab mawr, medda chdi. Cofio dy eiria di,

'Tywys plant i'r fath sicrwydd yn codi braw arna' i. Ond mae'n rhaid i rywun ysgwyddo'r fath gyfrifoldab'... Dwyt ti ddim yn poeni be ddaw ohonyn nhw?

RHYS: Fedra i ddim 'u cynnal nhw am byth.

DONA: Mae'n rhaid cynnal rhei... Mi faswn i wedi dwad â Tudur hefo fi... Mi fasa'n gyfla i' fedyddio fo... (*Try at MEILIR.*) Mae o wedi bod yn crefu arna i i 'neud hynny ers tro byd.

MEILIR: Wir?

DONA: Mi fasat ti wedi ca'l gneud. *(Wrthi'i hun.)* Be sy'n digwydd i bobol sy heb 'u bedyddio? ... Ddarllenis yn rhwla, rywdro, 'u bod nhw'n mynd ar 'u penna...

MEILIR: I ddamnedigaeth.

DONA: Ia, damnedigaeth.

RHYS: (*Yn flin.*) Does 'na neb yn credu rhyw lol felly heddiw.

DONA: Y gwirionedda tragwyddol ddim yn bod felly?

RHYS: Oes wahanol, tydi?

MEILIR: Colledigaeth yn beth byw i rei o hyd.

RHYS: Mae'n ddrwg gin i Dona. Fedra'i mo'i fedyddio fo.

(*Clywir sŵn o'r llofft.*)

DONA: Be ma'r hogyn 'na'n 'neud yn y llofft 'na? Tynnu'r lle'n llyfrïa.

RHYS: Mi a'i ato fo os leci di.

DONA: Na, mae'n iawn. Mi a' i.

(*Mae DONA yn mynd i'r llofft.*)

RHYS: (*Yn anesmwyth.*) Creulon? Be sy'n greulon? Do's gin i ddim cyfrifoldab tuag atyn nhw… Petha'n newid… Y byd yn newid… Geiria'n colli 'u hystyr… Mae o'n rhwbath ma'n rhaid inni 'i dderbyn… Mi ddylat ti o bawb wbod hynny… Mi rwyt ti'n gwbod, twyt? … Ond fedri di ddim derbyn hynny… Ti ofn derbyn hynny? … Pam? … Cofio rywdro, o'n i 'di sgwennu rhyw bwt o alaw ar gyfar steddfod 'r ysgol…'Nes i 'i dangos hi i nhad … 'Reit dda', medda fo, 'ond tria ga'l yr hogyn Meilir 'na i 'neud rhwbath.' … Ar y pryd, do'n i ddim yn dallt be o'dd o'n 'i feddwl… Erbyn hyn, 'dw i'n meddwl 'y mod i… Trio deud wrtha i o'dd o ma' gin ti o'dd y dychymyg, nid y fi. (*Mae RHYS yn cerdded ato, rhoi llaw ar ei ysgwydd. Mae MEILIR yn rhoi ei law ar ei law yntau. Yna mae MEILIR yn dechrau chwarae 'Ffrwd Ceinwen' unwaith eto.*)

MEILIR: Fo cyfansoddodd hi… Neb arall. Mi cyfansoddodd hi er 'i fwyn 'i hun. Yr ofn… yr ansicrwydd… y dirgelwch… yr heddwch… y cariad. (*Mae MEILIR yn bwrw ymlaen i chwarae. Ymddengys BARRY ar y patio. Mae'n gwarndo ar y gerddoriaeth am ennyd. Yna, mae'n cerdded i mewn i'r ystafell. Nid yw MEILIR wedi'i weld ond yn sydyn sylweddola fod BARRY yno'n edrych arno. Mae MEILIR yn rhoi'r gorau i chwarae.*)

BARRY: (*Wrth MEILIR.*) ... Paid â cymryd sylw ohona i... Bwria mlaen... Rhwbath gin dy dad? ... O'n i'n ama'... Ty' laen! Bwria mlaen...(*Mae MEILIR yn ailgychwyn chwarae. Mae BARRY yn cerdded ato a rhoi llaw ar ei ysgwydd.*) Driis i ngora glas i ga'l yr hogyn Arthur 'cw i chwara piano. Ddim yn'o fo, nac oedd? Diawl diffaith ... fath â finna. (*Mae'n edrych i fyny.*) Be ydi'r canu 'na? (*Mae MEILIR yn rhoi'r gorau i chwarae.*)

MEILIR: Pa ganu?

BARRY: I fyny'r grisia. (*Clywir DONA yn canu hwiangerdd i TUDUR.*)

RHYS: Dona sy'n canu i Tudur.

BARRY: Hwyr glas iddi 'neud rhwbath i' dawelu o. Cena bach diwahardd. (*Clywir sŵn JCB yn cael ei gychwyn o gyfeiriad y llyn. Mae BARRY yn cerdded unwaith eto i gyfeiriad y patio ac edrych allan.*)
Be ddiawl ma' hwnna 'n 'neud yma'r adag yma o'r bora? Dei! ... Gad hi! Dim ots amdani! Be ma' hwn yn drio'i ddeud? Dŵr? 'Dw i ddim yn dy glywad di! Y? Hwn yn rwdlyn, rêl i dad a'i daid o' flaen o. (*Mae'n dod i mewn unwaith eto.*) Lle ma'ch mam?

RHYS: Wedi mynd i chwilio amdanach chi.

BARRY: I le?

RHYS: I gyfeiriad y trwyn. Dona ddeudodd ych bod chi yna.

BARRY: Mynd at y trwyn 'na'n amal... Fanna 'dw i am daenu llwch Arthur... Mae o acw o hyd... Ddois i adra o'r Crown rhyw noson wedi ca'l boliad... Agor drôr y dresar, tynnu'r blwch allan a thywallt y llwch ar fwrdd y gegin. Ista i lawr a sbio arno fo... am hydo'dd... Wedyn rhoid y mys yn'o fo ... cau'n llygad a trio gneud llunia yn'o fo... Ro'n i'n meddwl mod i'n gneud llunia bach twt... rhosyn... deilan celyn...'sgodyn ... ond pan 'nes i agor yn llygad... ro'ddan nhw'r petha mwya erchyll welis i rioed. (*Wrth RHYS.*) Ro'dd o'n beth uffernol i 'neud, toedd? Y?

MEILIR: Ewch â fo i'r trwyn 'na a thaenwch o ar y môr.

BARRY: E'lla gwna'i. O'n i wedi bwriadu mynd i weld Steve heddiw. 'Dw i ddim yn meddwl yr a' i chwaith.

(*Daw DONA i mewn.*)

RHYS: Gest ti o i gysgu?

DONA: Do. Mae o'n gorfadd ar y gwely 'na heb gerpyn amdano fo.

(*Daw DWYNWEN i mewn.*)

DWYNWEN: *(Wrth BARRY.)* Fan 'ma wyt ti? Ro'n i'n meddwl dy fod ti wedi mynd at y trwyn. Fuo bron imi fynd i chwilio

	amdanat ti ond ma'r hen wynt ma'n fain. Mynd trwy rhywun fath â chyllall.
BARRY:	(*Yn gwenu.*) Ma'n rhaid mod i'n rhyw ddyn ar y diawl, lats? Pawb yn chwilio amdana i dyddia yma. Dim llonydd i' ga'l.
	(*Clywir bloedd torf yn y pellter ac mae DWYNWEN yn mynd ar y patio a gwrando.*)
DWYNWEN:	Be ydi'r holl sŵn 'na yng Nghaernarfon? Rhyw floeddio a chanu.
	(*Mae BARRY yn mynd at yr hi-fi a throi'r radio ymlaen. Clywir llais yr Athro Eric Sunderland yn cyhoeddi canlyniad buddugoliaethus y refferendwm.*)
BARRY:	Wel ar f'enaid i, pwy fasa'n meddwl?
DWYNWEN:	Deuda wrth yr hogyn Dei 'na am fynd adra, 'nei di? Fedra i ddim gneud hefo'r holl sŵn 'ma 'r adag yma o'r dydd. Ma' mhen i'n troi.
BARRY:	Gad iddo fo orffan be mae o'n 'i 'neud. Mi eith toc.
DWYNWEN:	'Dw i ddim isio fo yma.
	(*Mae BARRY yn cerdded i'r patio.*)
BARRY:	Dei!... Dei!
DWYNWEN:	Pawb hefo'i gilydd am unwaith.
BARRY:	(*Yn gweiddi.*) Gad hi am heddiw!... Glywist ti fi? Gad hi!...
DWYNWEN:	E'lla ma'r peth calla fydda inni i gyd fynd i'n gw'lâu.

BARRY: (*Yn gweiddi.*) Be? 'Dw i ddim yn clywad!

DWYNWEN: Ond mi fydd yr haul 'na ar y ffenast, bydd?

BARRY: (*Yn gweiddi.*) Ty'd yma 'nei di!

DWYNWEN: Mi ddeuda'i wrthach i be wnawn ni... Mi wnawn ni ddiwrnod ohoni. Mi awn i i gyd i Fiwmaras... I'r Buckley am frecwast. Y lle mwya gwâr ar yr ynys 'ma, meddan nhw.

DONA: (*Mewn syndod.*) Be?

DWYNWEN: Ma'r llefydd ma'n gneud brecwast, debyg?

MEILIR: Ma' siŵr.

DWYNWEN: Wedyn, ar ôl brecwast, mi awn ni i Benmon am ginio. (*Wrth RHYS.*) Mi fyddat ti wrth dy fodd ym Mhenmon, byddat?

RHYS: Fyddwn i?

DWYNWEN: O, byddat. Y peth cynta wnaet ti, pan fyddan ni'n mynd yno ers talwm, o'dd 'i gneud hi'n syth at y môr a dechra pledu cerrig... (*Wrth MEILIR.*) Mi fydda ti'n 'i ddilyn o yn ara' deg. Mi godat garrag a rhythu arni am hydo'dd. 'Dach chi ddim yn cofio'r diwrnod hwnnw?

RHYS: Pa ddiwrnod?

DWYNWEN: Y diwrnod hwnnw ddoth Dona hefo ni. Ro'ddat ti (*RHYS*) wrth y lan a chithda (*MEILIR*) hefo dy garrag tu ôl iddo fo. Mi godist ti'r garrag ac mi droth hwn atat ti. Ro'dd o'n meddwl dy fod ti'n mynd i' daro fo hefo'r garrag. Dyma chdi'n trio achub y blaen arno fo, a dyma chdi'n taflu carrag ato fo. Ond ro'dd Dona yn rhedag atat ti ac mi 'nest ti 'i tharo hi… reit yn 'i thalcan. Gwaed yn pistyllio i lawr 'i bocha hi…'Dach chi'n cofio, debyg?

MEILIR: Fydda dad yn dwad hefo ni?

DWYNWEN: Na fydda'. Fi fydda'n mynd â chi. Fedra dy dad ddim diodda Penmon. Yr hen oleudy 'na'n codi arswyd arno fo medda fo. A'r hen gloch 'na. 'I chnul hi fel hunlla… Ro'dd hi'n well gynno fo aros yma… Ia, dyna ble awn ni, mi awn ni i Benmon. Iawn?

MEILIR: Pam lai?

DWYNWEN: Iawn Rhys?

RHYS: (*Yn ansicr.*) Ia… iawn…

DWYNWEN: (*Wrth BARRY.*) Wyt ti am ddwad hefo ni? Na, fedri di ddim, na fedri? Ti'n mynd i weld Steve, twyt?

BARRY: 'Dw i ddim yn meddwl yr a'i… Ewch chi… Wna'i warchod Tudur.

DONA: Na, mi geith Tudur ddwad hefo ni.

BARRY: Waeth imi fynd adra, felly. Petha'n galw.

MEILIR: (*Wrth BARRY.*) Na… dowch hefo ni.

(*Ymddengys DEI.*)

DEI: Ddeudis i ddigon, do?

BARRY: A be sy rŵan mwyn tad? Anghofia am y blydi cwch 'na. Ma' pawb wedi ymlâdd. Jest rho'r gora iddi a dos adra i dy wely.

DEI: Sut medra'i?…Sbiwch! (*Mae DWYNWEN yn cerdded i'r patio ac edrych allan.*)

BARRY: Be sy 'lly? (*Mae BARRY yn ymuno â DWYNWEN.*)

DEI: Y clawdd! Mae o'n dechra gillwn!

BARRY: Coda fwy o bridd arno fo!

DEI: Be uffar dach chi'n feddwl 'dw i 'di bod yn trio'i 'neud? Gneud dim gwahania'th. Dal i ddwad trwadd. Fath â blydi gogor.

BARRY: Mi fydd 'di gwagio cyn nos.

DEI: Mi fedrwn i nôl cerrig ne' rwbath i'r chwaral os 'dach chi isio?

DWYNWEN: (*Yn gadarn.*) Na! Gad lonydd iddo fo!

DEI: Matar bach fasa…..

DWYNWEN: Gad iddo fo lifo.

DEI: Ar ôl mynd i'r fath gost?

(*Mae DWYNWEN yn edrych allan yn fyfyrgar i gyfeiriad y llyn.*)

DWYNWEN: Rhyw syniad gwallgo' o'dd o. Ca'l llyn a môr o flaen llygaid rhywun. Ond, fuo fo 'rioed yn llyn go iawn, naddo? Rhyw hen bwll o'dd o.

(*Mae pawb yn aros yn llonydd. Yn araf, mae'r golau'n diffodd a chlywir 'Ffrwd Ceinwen' yn cael ei chwarae gan driawd.*)

DIWEDD Y DDRAMA

Y CYNHYRCHIAD CYNTAF

Perfformiwyd y ddrama *Ffrwd Ceinwen* yn ystod wythnos Eisteddfod Genedlaethol Ynys Môn, 1999, yn Theatr Gwynedd gan Gwmni Theatr Gwynedd.

Y CAST

DEI:	Iwan Roberts
DONA:	Manon Elis
MEILIR:	Arwel Gruffydd
DWYNWEN:	Christine Pritchard
BARRY:	Wyn Bowen Harris
RHYS:	Emyr John

Cyfarwyddwr:	Graham Laker
Cynllunydd:	Martin Morley
Cerddoriaeth:	John Hywel
Cynllunydd Goleuo:	Tony Bailey Hughes
Cynllunydd Sain:	Siôn Havard Gregory
Criw Cynhyrchu:	Dylan Rowlands, Gwynfor Prys Davies, Amlyn Hedd, Kêt Smith, Mari Rowlands, Llinos Roberts, Einir Lloyd Jones, Chris Green

CYFANSODDIADAU CERDDOROL

Ar y tudalennau sy'n dilyn, ceir y cyfansoddiadau a luniodd John Hywel ar gyfer y ddrama yn y drefn a ganlyn:

Ffrwd Ceinwen (ar gyfer piano, ffidil a cello)
Cob Malltraeth (piano)
Llyn Cerrig Bach (lleisiol, ar gyfer Dei)

Mae diolch yn ddyledus i Mr Rhys Iwan Jones am roi trefn ar y gerddoriaeth ar gyfer ei hargraffu.

CANEUON FFRWD CEINWEN

Geiriau'r gân bop a genir gan Dona yn yr Act Gyntaf.

Dark river of bones
Dark river of flesh
Dark river of hate
Dark river of love.

Geiriau'r hwiangerdd a genir gan Dona yn yr Act Olaf.

Cysga ar yr afon
Cysga ar y lli
Rho dy law fach ynddi
Hon yw d'afon di.

[Gall yr actores sy'n chwarae rhan Dona gyfansoddi ei halawon ei hun a fyddai'n gydnaws ag ansawdd a natur ei llais. Yr hyn sy'n bwysig yw fod yr alawon yn adleisio'r cyfansoddiad *Ffrwd Ceinwen*.]

Ffrwd Ceinwen (Triawd Piano)

John Hywel

mf
mf
p
mp
mp
mf
mp
mf
mf
mf

f
f
f
f
ff
ff
ff
mf
Solo
f

f
ff
rit.
rit.
ff
f
3
f
f

mf
mf
mp
mp
p espress
p espress
mp
dim.
mp
dim.

Thema ac Amrywiad ar Cob Malltraeth (Piano)

John Hywel

tr

Llyn Cerrig Bach (Llais a Piano)

Geiriau-William Lewis. Cerddoriaeth-John Hywel.

rit.
Marcato
Dall yw y duw-iau sy'n u-do yn nyfn-der
Llyn Cer-rig Bach.
Con moto
Bwr-ier y gad-wyn.
Bwr-ier y cledd.
Holl-ter y ben-glog.
Y-fer y
medd
cresc.
cresc. molto
Dall yw y duw-iau sy'n

mf
u - do yn nyfn-der Llyn Cer-rig Bach. Dall yw y duw-iau sy'n
mf
u - do yn nyfn - der Llyn Cer - rig Bach.